风流宛在

华德荣 仲玉龙 主编

扬州文物保护单位图录

苏州大学出版社
Soochow University Press

图书在版编目(CIP)数据

风流宛在:扬州文物保护单位图录/华德荣,仲玉龙主编;扬州市文物局编. —苏州:苏州大学出版社,2017.11
　ISBN 978-7-5672-2145-1

　Ⅰ.①风… Ⅱ.①华… ②仲… ③扬… Ⅲ.①名胜古迹—扬州—图录 ②文化遗址—扬州—图录 Ⅳ.①K928.705.33—64 ②K878.02

中国版本图书馆CIP数据核字(2017)第143518号

书　　名:	风流宛在——扬州文物保护单位图录
主　　编:	华德荣　仲玉龙
责任编辑:	刘　海
装帧设计:	吴　钰
出版发行:	苏州大学出版社(Soochow University Press)
出 品 人:	张建初
社　　址:	苏州市十梓街1号　邮编:215006
印　　刷:	苏州工业园区美柯乐制版印务有限责任公司
E-mail:	Liuwang@suda.edu.cn　QQ:64826224
邮购热线:	0512-67480030
销售热线:	0512-65225020
开　　本:	889 mm×1 194 mm　1/16　印张:18　字数:360千
版　　次:	2017年11月第1版
印　　次:	2017年11月第1次印刷
书　　号:	ISBN 978-7-5672-2145-1
定　　价:	258.00元

凡购本社图书发现印装错误,请与本社联系调换。服务热线:0512-65225020

编 委 会

主 编

华德荣　仲玉龙

副 主 编

徐国兵

编 委

樊余祥	郭　果	朱明松	刘学明	褚　林	许玉萍
王茂林	余华锋	窦忠根	杨德彪	朱峻岭	王暑帆
马　峥	吕佩佩	李　智	周　洁	朱　洁	刘奇斌
朱翔龙	陶双喜	吕志伟	唐华荣	胡　乔	蔡云龙

序

扬州是国务院首批公布的24座历史文化名城之一，自古人文荟萃，毓秀钟灵。早在7000—5500年前的新石器时期，高邮龙虬庄先民们就开始制作陶器和选育稻种，栉风沐雨、辛勤耕耘；公元前486年，吴王夫差在此开邗沟、筑邗城，开启了扬州有文字记载的运河城市建城史；两汉时期，扬州发展为一方繁盛区域中心；隋唐时期，扬州是大运河沟通南北交通的咽喉和"海上丝绸之路"的重要口岸，有"扬一益二"之誉；宋元之际，扬州虽屡经战火，但时有复兴；明清两代，扬州凭借漕运和淮南盐运中心，再度达到当时中国城市经济与文化发展的巅峰。千百年来，扬州人民在这块古老的土地上创造了无数的辉煌，留下了许多弥足珍贵的文化遗产。

近年来，扬州市委、市政府认真学习贯彻习近平总书记关于传统文化传承与发展的要求和文物保护法律法规，坚持文物保护绿色发展的理念，以城市建设服从古城保护、古城保护服从遗产保护的"两个服从"为重要抓手，全力推进文化遗产的保护和合理利用，实现了文物事业的持续健康发展。全市现有世界文化遗产1处、全国重点文物保护单位21处、省级文物保护单位46处、市县级文物保护单位398处，类型丰富、序列完整，涵盖了古遗址、古墓葬、古建筑、石刻、近现代重要史迹及代表性建筑等不同类别，分别印证了史前、商周、春秋战国、两汉及唐宋元明清直至民国以来的扬州发展史，较为全面地反映了扬州这座国家级历史文化名城的整体风貌和深厚内涵。

为了弘扬民族优秀传统文化、展现扬州地域历史文化风采，发挥文化遗产对"一带一路"倡议和大运河文化带建设的文化支撑作用，扬州市文物局组织编写了《风流宛在——扬州文物保护单位图录》。全书以图文并茂、雅俗共赏的形式，较为完整地呈现了全市各级各类文物保护单位的全貌。这既是对全市文物保护工作成果的一次总结与展示，也是让广大市民进一步了解扬州、认识扬州的一次尝试。书名借用清光绪初年两江总督刘坤一于大明寺平山堂所题"风流宛在"四字，并赋予新意，既希望读者能于幸存的文化遗产之中领略到昔日扬州的繁华景象，更期盼当代扬州人能更好地担当历史使命、传承发展传统文化。我们相信，这部书的编辑和出版，必将激励我们更加深刻地认识城市文化价值，坚守城市文化理想，守护好、发展好、传承好扬州传统文化精神，在把扬州建设成为具有世界遗产城市特质的世界名城道路上迈出更加坚实的步伐。

余斌

2017 年 6 月 15 日

世界文化遗产

中国大运河扬州段 / 002

    1. 古邗沟故道 / 003

    2. 里运河 / 003

    3. 高邮明清大运河故道 / 004

    4. 邵伯明清大运河故道 / 004

    5. 瓜洲运河 / 005

    6. 扬州古运河 / 005

    7. 邵伯古堤 / 006

    8. 邵伯码头 / 006

    9. 刘堡减水闸 / 007

    10. 盂城驿 / 007

    11. 汪氏盐商住宅 / 008

    12. 卢氏盐商住宅 / 008

    13. 盐宗庙 / 009

    14. 瘦西湖 / 009

    15. 天宁寺行宫（含重宁寺）/ 010

    16. 个园 / 011

全国重点文物保护单位

1. 个园 / 011
2. 何园 / 014
3. 扬州城遗址 / 015
4. 盂城驿 / 007
5. 龙虬庄遗址 / 017
6. 普哈丁墓 / 018
7. 吴氏宅第 / 019
8. 莲花桥和白塔 / 020
9. 小盘谷 / 021
10. 扬州大明寺 / 022
11. 高邮当铺 / 023
12. 朱自清旧居 / 024
13. 庙山汉墓 / 025
14. 史可法墓祠 / 026
15. 贾氏盐商住宅 / 027
16. 逸圃 / 028
17. 汪氏小苑 / 029
18. 汪氏盐商住宅 / 008
19. 卢氏盐商住宅 / 008
20. 扬州重宁寺 / 010
21. 大运河 / 002

江苏省文物保护单位

1. 西方寺大殿 / 032
2. 仙鹤寺 / 033
3. 扬州天主教耶稣圣心堂 / 034
4. 阮家祠、墓 / 035
5. 胡笔江故居 / 036
6. 绿杨旅社 / 037

7. 文峰塔 / 038

8. 岭南会馆 / 039

9. 扬州盐商住宅（廖宅、周宅） / 040

10. 鲍庐 / 041

11. 梅花书院 / 042

12. 冬荣园 / 043

13. 华氏园 / 044

14. 罗聘宅 / 045

15. 蔚圃 / 046

16. 扬州文昌阁 / 047

17. 树人堂 / 047

18. 武当行宫 / 048

19. 准提寺 / 049

20. 甘泉山汉墓群 / 050

21. 天宁寺 / 010

22. 天山汉墓 / 051

23. 隋炀帝陵 / 052

24. 扬州麦粉厂旧址 / 053

25. 郭村战斗指挥部旧址 / 054

26. 小纪真武庙大殿 / 055

27. 邵伯运河码头及铁牛 / 055

28. 大桥徐氏宅 / 056

29. 董恂读书处 / 057

30. 仪征天宁寺塔 / 058

31. 仪征鼓楼 / 058

32. 仪征东门水门遗址 / 059

33. 郭山遗址 / 060

34. 神墩遗址 / 060

35. 镇国寺塔 / 061

36. 文游台 / 062

37. 高邮城墙及高邮奎楼 / 063

38. 净土寺塔 / 064

39. 菱塘清真寺 / 064

40. 周邶墩遗址 / 065

41. 华中雪枫大学旧址 / 066

42. 祭墩、竹墩、奋墩 / 067

43. 周恩来少年读书处 / 068

44. 刘氏五之堂 / 069

45. 同松药店 / 070

46. 朱氏家祠 / 071

市县级文物保护单位

广陵区 / 074

1. 茱萸湾古闸区 / 074

2. 厂盐会馆 / 074

3. 浙绍会馆 / 075

4. 四岸公所 / 075

5. 湖北会馆 / 076

6. 盐运司衙署门厅 / 076

7. 甘泉县衙署门厅 / 077

8. 刘文淇、刘师培故居 / 077

9. 刘庄 / 078

10. 八咏园 / 078

11. 平园 / 079

12. 棣园 / 079

13. 小圃 / 080

14. 珍园 / 080

15. 刘氏庭园 / 081

16. 壶园 / 081

17. 朱氏园 / 082

18. 诸姓盐商住宅 / 082

19. 贾氏宅（同福祥盐号）／ 083
20. 丁姓盐商住宅／ 083
21. 马氏住宅／ 084
22. 方氏住宅／ 084
23. 赵氏庭园／ 085
24. 南河下 116 号民居／ 085
25. 广陵路 250 号民居／ 086
26. 广陵路 252 号民居／ 086
27. 汶河南路 24 号民居／ 087
28. 杨氏住宅／ 087
29. 王氏住宅／ 088
30. 张联桂住宅／ 088
31. 徐氏住宅／ 089
32. 新仓巷 62 号民居／ 089
33. 盐宗庙／ 009
34. 董子祠／ 090
35. 文公祠／ 090
36. 旌忠寺／ 091
37. 祇陀林／ 091
38. 万寿寺／ 092
39. 琼花观／ 092
40. 永宁宫古戏台／ 093
41. 长生寺阁／ 093
42. 木兰院石塔、楠木楼／ 094
43. 扬州教案旧址／ 095
44. 四望亭／ 095
45. 宋井／ 096
46. 四眼井／ 096
47. 曹起潛故居／ 097
48. 王柏龄故居／ 097
49. 怡庐／ 098
50. 邱氏园／ 098
51. 杨氏小筑／ 099
52. 赵氏住宅／ 099

53. 愿生寺／ 100
54. 紫竹观音庵／ 100
55. 旌德会馆／ 101
56. 山陕会馆／ 101
57. 盐务会馆／ 102
58. 魏源故居／ 102
59. 卞宝第故居／ 103
60. 张亮基故居／ 103
61. 李长乐故居／ 104
62. 陈六舟故居／ 104
63. 许氏盐商住宅／ 105
64. 冯氏盐商住宅／ 105
65. 魏氏盐商住宅／ 106
66. 李氏住宅／ 106
67. 黄氏盐商住宅／ 107
68. 陈氏住宅／ 107
69. 大芝麻巷民居群／ 108
70. 湾子街 210 号民居／ 108
71. 景氏住宅／ 109
72. 达士巷民居群／ 109
73. 徐氏住宅／ 110
74. 玉井巷 11 号民居／ 110
75. 林氏住宅／ 111
76. 张氏住宅／ 111
77. 蒋氏住宅／ 112
78. 张氏住宅／ 112
79. 邹氏住宅／ 113
80. 史巷 9 号民居／ 113
81. 汉庐／ 114
82. 王氏民居／ 114
83. 冯氏住宅／ 115
84. 清真寺／ 115
85. 地藏庵／ 116
86. 藏经院／ 116

87. 浸会医院旧址 / 117
88. 盐务稽核所 / 117
89. 沙锅井 / 118
90. 如意井 / 118
91. 玉井 / 118
92. 滚龙井 / 119
93. 板井 / 119
94. 大东门桥 / 119
95. 小虹桥 / 120
96. 如意桥 / 120
97. 迎薰桥 / 121
98. 江都县文化界救亡协会旧址 / 121
99. 许幸之故居 / 122
100. 刘氏盐商住宅 / 122
101. 基督教礼拜堂 / 123
102. 明庐 / 123
103. 凌氏住宅 / 124
104. 参府街民居群 / 124
105. 丁氏住宅 / 125
106. 赵氏住宅 / 125
107. 胡氏住宅 / 126
108. 李氏住宅 / 126
109. 金氏住宅 / 127
110. 王氏住宅 / 127
111. 公园桥 / 128
112. 震旦中学礼堂 / 128
113. 大陆旅社 / 129
114. 大草巷杨氏住宅 / 129
115. 问井巷查氏住宅 / 130
116. 通运南街 16 号民居 / 130
117. 湾子街 69、71、73 号民居 / 131
118. 花园巷 17、19 号毕园 / 131
119. 苏唱街 24 号吕氏住宅 / 132
120. 弥陀巷吴氏住宅 / 132

121. 甘泉路 17 号李氏住宅 / 133
122. 埂子街 172 号梁氏住宅 / 133
123. 巴总门 15 号民居 / 134
124. 钞关西后街 10 号民居 / 134
125. 木香巷 37 号民居 / 135
126. 南河下黄氏盐商住宅 / 135
127. 广陵路钱业会馆 / 136
128. 小流芳巷徽州会馆 / 136
129. 谢馥春旧址 / 137
130. 普照寺大殿 / 137
131. 牛背井 / 138
132. 洒金桥 / 138
133. 引市街 102-1 号古井 / 139
134. 水碧泉古井 / 139
135. 湾头镇陈氏住宅 / 140
136. 大樊家巷倪氏住宅 / 140
137. 同松参号药店旧址 / 141
138. 安墩巷俞氏店铺 / 141
139. 朱良钧烈士故居 / 142
140. 王少堂故居 / 142
141. 风箱巷官井 / 143
142. 湾头镇壁虎石雕 / 143
143. 朱秀清烈士墓 / 143

邗江区 / 144

1. 帽儿墩汉墓 / 144
2. 金鼓墩汉墓 / 144
3. 麻油墩汉墓 / 145
4. 小墩汉墓 / 145
5. 双墩汉墓 / 146
6. 焦循墓 / 146
7. 大王庙大殿 / 147
8. 瓜洲孙氏住宅 / 147
9. 高旻寺 / 148

10. 吴惟华天中塔碑 / 148
11. 王羲之心经碑 / 149
12. 乾隆诗碑 / 149
13. 朱良钧烈士墓 / 150

蜀冈-瘦西湖风景名胜区 / 150

1. 古邗沟故道 / 003
2. 徐园 / 150
3. 凫庄 / 151
4. 小金山 / 151
5. 冶春 / 152
6. 大虹桥 / 152
7. 迎恩桥 / 153
8. 藕香桥 / 153
9. 廿四桥 / 154
10. 四桥烟雨楼 / 154
11. 滩田堤坝遗址 / 155
12. 蜀井 / 155
13. 城隍庙 / 156
14. 观音山禅寺 / 156
15. 铁佛寺 / 157
16. 汪中墓 / 157
17. 莲溪墓 / 158
18. 熊成基墓 / 158
19. 扬州革命烈士陵园 / 159
20. 王少堂墓 / 159

市经济技术开发区 / 160

龙衣庵 / 160

江都区 / 160

1. 章台旅社 / 160
2. 清真寺大殿 / 161
3. 于氏姊妹楼 / 161
4. 三娘井 / 162
5. 费密故居 / 162
6. 圣容寺大殿 / 163
7. 侍卫府 / 163
8. 关帝庙大殿 / 164
9. 广福庵 / 164
10. 童氏住宅 / 165
11. 史宅厅房 / 165
12. 罗君生祠记碑 / 166
13. 张声墓碑 / 166
14. 观音庵 / 167
15. 捐修码头记事碑 / 167
16. 东岳庙石狮子 / 168
17. 汪氏住宅 / 168
18. 范氏住宅 / 169
19. 张氏住宅 / 169
20. 济氏住宅 / 170
21. 彰墅庙 / 170
22. 华氏宗祠 / 171
23. 袁氏住宅 / 172
24. 王氏住宅 / 172
25. 王景琦故居 / 173
26. 束星北故居 / 173
27. 刘氏住宅 / 174
28. "敕赐慈云寺"石额 / 174
29. 水陆寺碑刻 / 175
30. 江北运河复堤碑记碑 / 175
31. 石羊石马 / 176
32. 中州会馆石狮 / 176
33. 邵伯保卫战遗址 / 177
34. 杨庄革命烈士墓园 / 177
35. 武坚革命烈士墓园 / 178
36. 三江营战斗烈士墓 / 178

37. 许晓轩故居 / 179

38. 浦头镇张氏住宅 / 179

39. 大桥镇宝源钱庄 / 180

40. 邵伯镇粮库 / 180

41. 江苏油田真武真 6 井 / 181

仪征市 / 181

1. 赵墩遗址 / 181

2. 虎山遗址 / 182

3. 荷叶地遗址 / 182

4. 马坝、林果窑址群 / 183

5. 仪扬运河真州段故道遗址 / 184

6. 明清真州城城墙遗址 / 184

7. 八卦山明墓 / 185

8. 周太谷墓 / 185

9. 状元井 / 186

10. 纪年井 / 186

11. 河西街八角井 / 186

12. 慧日泉 / 187

13. 文状元桥 / 187

14. 两淮盐务总栈旧址 / 188

15. 三官庙 / 188

16. 清真寺 / 189

17. 河西街叶氏民居 / 189

18. 张氏宗祠 / 190

19. 商会会馆 / 190

20. 青山镇军事碉堡群 / 191

21. 都会街 48-2 号民居 / 191

22. 盛氏兄弟故居 / 192

23. 盛白沙烈士纪念碑 / 192

24. 盛成母子墓 / 193

25. 魏然将军墓 / 193

高邮市 / 194

1. 唐王墩遗址 / 194

2. 陈瑄纪念室 / 194

3. 高邮王氏故居 / 195

4. 纱帽厅 / 195

5. 铁汉庐 / 196

6. 常住院 / 196

7. 人民路陈氏宅 / 197

8. 北门大街孙氏宅 / 197

9. 秦家大院 / 198

10. 州署头门 / 198

11. 百岁巷王氏宅 / 199

12. 三层楼巷孙氏宅 / 199

13. 南门大街王氏宅 / 200

14. 城区清真寺 / 200

15. 护国寺大殿 / 201

16. 柳荫禅林 / 201

17. 极乐庵 / 202

18. 南斗坛 / 202

19. 平津堰 / 203

20. 三垛民居 / 203

21. 清水潭 / 204

22. 耿庙石柱 / 204

23. 侵华日军投降处旧址 / 205

24. 高邮船闸 / 205

25. 汪曾祺故居 / 206

26. 孙云铸故居 / 206

27. 高邮烈士陵园 / 207

28. 胡曾钰烈士纪念碑 / 207

29. 陈特平烈士墓 / 208

30. 左卿、秦梅青纪念碑 / 208

31. 夏德华烈士纪念碑 / 209

32. 周山烈士纪念碑 / 209

33. 张轩烈士纪念碑 / 210

34. 三垛河伏击战烈士墓 / 210

35. 马棚湾铁牛 / 211

36. 左家遗址 / 211

37. 裘墩遗址 / 212

38. 吴家跳遗址 / 212

39. 陶河遗址 / 213

40. 骑龙墓群 / 213

41. 王万丰酱醋坊 / 214

42. 马厂旧址 / 214

43. 人物砖雕门楼 / 215

44. 中山路王氏宅 / 215

45. 中山路居氏宅 / 216

46. 李顺兴蛋行 / 216

47. 益泰源粮行 / 217

48. 郑泰昌家宅 / 217

49. 北门大街杨氏宅 / 218

50. 福慧庵巷王氏宅 / 218

51. 北门城墙 / 219

52. 永顺源粮行 / 219

53. 吴福堂粮行 / 220

54. 振隆粮行 / 220

55. 老正大布店 / 221

56. 益美酱园店 / 221

57. 慎昌南货店 / 222

58. 詹家巷盐仓 / 222

59. 南水关 / 223

60. 铁钱出土地 / 223

61. 御码头 / 224

62. 万家塘船坞 / 224

63. 子婴闸 / 225

64. 界首小闸 / 225

65. 林家巷陈氏宅 / 226

66. 车家大院 / 226

67. 兴隆当典 / 227

68. 中大街任氏宅 / 227

69. 韦子廉故居 / 228

70. 菱塘张氏宅 / 228

71. 菱塘夏氏宅 / 229

72. 秦家村秦氏宅 / 229

73. 救生港水闸 / 230

74. 车逻坝旧址 / 230

75. 王宜仲宅 / 231

76. 恒兴昌家宅 / 231

77. 人民路戴氏宅 / 232

78. 毛天昌布店 / 232

79. 郭集大闸 / 233

80. 菱塘乡清真寺 / 233

81. 寡妇圩惨案发生地 / 234

82. 孙子明烈士纪念塔 / 234

83. 河口解放战争纪念碑 / 235

84. 毛伯勤烈士纪念碑 / 235

宝应县 / 236

1. 水泗潘舍新石器文化遗址 / 236

2. 夏集双琚商周文化遗址 / 236

3. 宝应故城遗址 / 237

4. 射阳故城遗址 / 237

5. 运河故道遗址 / 238

6. 宋泾河遗址 / 238

7. 双女岗及石门画像出土点 / 239

8. 古象牙化石出土点 / 239

9. 得宝河遗址 / 240

10. 泰山殿遗址 / 240

11. 定善寺遗址 / 241

12. 嘉定桥遗址 / 241

13. 画川书院遗址 / 242

14. 安平驿站遗址 / 242
15. 关帝庙遗址 / 243
16. 御码头遗址 / 243
17. 龙竿寺遗址 / 244
18. 八宝亭遗址 / 244
19. 抗倭战场旧址 / 245
20. 戚家汪遗址 / 245
21. 汜水汉墓遗址 / 246
22. 小官庄汉墓遗址 / 246
23. 北宋墓群遗址 / 247
24. 乔可聘墓遗址 / 247
25. 刘宝楠墓遗址 / 248
26. 董氏墓葬遗址 / 248
27. 曹甸汉墓 / 249
28. 阎若璩墓 / 249
29. 仲兰家族墓 / 250
30. 刘师恕墓 / 250
31. 乔莱墓 / 251
32. 古邗沟 / 251
33. 张仙庙桥 / 252
34. 广惠桥 / 252
35. 学宫 / 253
36. 刘宝楠故居 / 253
37. 纵棹园 / 254
38. 蝴蝶厅 / 254
39. 一宿庵 / 255
40. 跃龙关 / 255
41. 天宫寺 / 256
42. 药师庵 / 256
43. 潼口寺 / 257
44. 圆通禅寺 / 257

45. 清真寺 / 258
46. 明清县署 / 258
47. 王式丹故居 / 259
48. 王懋竑故居 / 259
49. 王凯泰故居 / 260
50. 高朗亭故居 / 260
51. 成肇麟故居 / 261
52. 蒲松龄供职旧址及住所 / 261
53. 朱氏兄弟三进士宅 / 262
54. 孙荫庭故居 / 262
55. 毛家当铺 / 263
56. 杜家大院 / 263
57. 臧陈旧址 / 264
58. 泰山殿石狮 / 264
59. 定善寺石狮 / 265
60. 重修潼口寺碑记 / 265
61. 曹甸革命烈士墓 / 266
62. 苏中公学旧址 / 266
63. 苏中区党委驻地旧址 / 267
64. 苏中党校故址 / 267
65. 华中造纸厂原址 / 268
66. 黄公正起义故址 / 268
67. 苏中军区暨新四军一师练兵场旧址 / 269
68. 苏中军区后方总医院旧址 / 269
69. 苏中银行旧址 / 270
70. 新四军江淮印钞厂旧址 / 270
71. 《苏中报》报社旧址 / 271
72. 新四军华中军械处第一总厂旧址 / 271
73. 新四军苏中榴弹厂旧址 / 272

后记 / 273

世界文化遗产

中国大运河扬州段

大运河是世界上最古老的运河之一,始建于公元前486年,包括京杭大运河、隋唐大运河和浙东运河三部分,地跨北京、天津、河北、山东、江苏、浙江、河南和安徽8个省、直辖市,是世界上开凿时间较早、规模最大、线路最长、延续时间最久且目前仍在使用的人工运河,也是中国古代重要的漕运通道和经济命脉。大运河沿线包含桥、闸、坝、仓、寺观、塔等多种文物,它们与大运河周边众多与运河息息相关的文化遗产共同组成了运河文化。2014年6月22日,中国大运河在第38届世界遗产大会上获准列入《世界遗产名录》,成为中国第46个世界遗产项目。

大运河扬州段主要包括古邗沟故道、里运河、高邮明清大运河故道、邵伯明清大运河故道、扬州古运河、瓜洲运河等6个河道和刘堡减水闸、盂城驿、邵伯古堤、邵伯码头、瘦西湖、天宁寺行宫(含重宁寺)、个园、汪鲁门盐商住宅、卢绍绪盐商住宅、盐宗庙等10个遗产点。

淮扬运河主线

古邗沟故道

古邗沟故道，是扬州地区最早建成的人工水道之一。古邗沟故道现位于扬州城北，从螺丝湾桥向东直达黄金坝，长1.45千米，始建于春秋时期（前486），是大运河系统最早期的遗迹之一。从汉代至唐代这段河道都是大运河的主航道，也是历代漕运的主要通道。

古邗沟故道

里运河

里运河遗产北起宝应县里排河与京杭运河连接处，南至广陵区湾头镇，地处江淮平原。这段运河充分利用天然湖泊水域，通过人工挖掘连缀而成，是一条畅通的水路。作为国家漕粮运输的重要水上通道，里运河不断完善河道的渠化，形成了今天河湖并行的独特景观。

里运河

高邮明清大运河故道

　　高邮明清大运河故道北起高邮界首镇，南至高邮镇，全长 30 千米，此段河道集中反映了大运河由湖道向河道演变的动态过程，是反映大运河河湖关系的"活化石"。

高邮明清大运河故道

邵伯明清大运河故道

　　邵伯明清大运河故道位于江都区邵伯镇西，北起邵伯节制闸，南至南塘，长约 2 千米，宽约 30 米。河道整体走向、河岸护堤及码头仍然完整保留。

邵伯明清大运河故道

瓜洲运河

　　大运河穿过扬州市区至高旻寺,形成了一个三叉形的河口。至此,大运河一路往南,至瓜洲长江口汇入长江,这段长12千米的运河就是瓜洲运河。它处于大运河扬州段的南端,始于唐代开元二十六年(738)开凿的伊娄河,至今已有1270多年的历史。

瓜洲运河

扬州古运河

　　扬州古运河自广陵区湾头流向西南,经黄金坝后向南直至高旻寺,全长约20千米。沿线历史遗迹星列,人文景观众多。尤其是在大运河西侧,密布着众多遗产点,如瘦西湖、天宁寺、重宁寺以及诸多盐商历史遗迹等,犹如一颗颗璀璨的明珠,与两岸丰富的民俗文化、多样的市民生活融为一体。

扬州古运河市区大水湾段

邵伯古堤

邵伯古堤位于江都区邵伯镇的运河东岸，始建于宋代，用于防止邵伯湖湖水外泄，保持运河水位。邵伯古堤的修筑，使邵伯段大运河脱离湖面，成为独立航道。同时，古堤也是抵御淮河洪水、保障邵伯镇安全的重要屏障。

邵伯古堤

邵伯码头

邵伯码头是指位于邵伯运河东堤上的4个古码头遗址，自北向南分别称为竹巷口码头、大码头、朱家巷码头和庙巷口码头。这4座码头是往来大运河南北的客商在邵伯镇的主要停靠之处，也是邵伯镇及大运河以东地区进行对外货物贸易的主要场所。邵伯镇在清以前的繁荣，很大程度上依赖于这4座码头。

邵伯码头

刘堡减水闸

刘堡减水闸位于大运河宝应段东岸，始建于明万历十二年（1584），后经过多次修缮，至清乾隆年间逐渐淤塞废弃，现为遗址状态。闸体为青石砌筑，堤坝、闸墙以及西侧摆手基本保存完好，可清晰地看到木桩基础、堤闸石工以及水闸设计与两侧水位的关系，是调节运河与宝应湖之间的水位差、保障漕运水位、保护大运河堤防安全的水利工程设施。

刘堡减水闸

盂城驿

盂城驿位于高邮市南门外馆驿巷13、15、17号，开设于明洪武八年（1375），取名于秦少游"吾乡如覆盂，地处扬楚脊"诗意。明永乐年间重修，嘉靖三十六年（1557）毁于倭火，隆庆二年（1568）修复，清康熙、嘉庆、道光年间曾先后进行修建。房屋整体坐北朝南，为四排四进格局，占地面积约3000平方米。现存门厅、正厅、后厅等主体建筑，正厅、后厅均面阔五间，进深七檩，内部梁架有精美木雕，是我国目前保存最好、规模最大的古代驿站遗存。

盂城驿

汪氏盐商住宅

汪氏盐商住宅位于扬州古运河边的南河下174号,始建于清光绪年间。又称世德堂,为盐商汪鲁门宅第,原占地面积5600多平方米,房屋80余间。现存房屋前后九进,皆面阔三间。磨砖大门朝南,颇为壮观。楠木大厅用料考究、做工精细、雕刻精美。第六至第九进为住宅楼,各进之间有走廊相连成串,楼上楼下前后有腰门互相串通。汪氏盐商住宅整体布局规整严谨,体量宏大,体现出当年造屋独具匠心的设计之妙。

住宅东立面

住宅内景

卢氏盐商住宅

卢氏盐商住宅位于扬州老城区康山街22号,系清光绪年间盐商卢绍绪所建,是大运河扬州段现存规模最大的盐商住宅建筑之一,也是大运河沿线晚清盐商大型住宅的代表。现存建筑前后共九进,占地约5000平方米,前五进皆面阔七间,后四进为明三暗五布局。卢氏盐商住宅建筑高敞宏大,装修多为楠木,木雕、砖雕雕琢精湛,与装修、墙面、地面巧妙结合,交相辉映。

卢宅大门外景

卢宅内景

盐宗庙

盐宗庙位于扬州老城区康山街20号，始建于同治十二年（1873），由两淮众盐商捐建，原有殿宇五进，庙后还有戏台，作为祭祀夙沙氏、胶鬲、管仲等盐业历史著名人物的祭祀场所，后改为祭祀曾国藩的祠堂。

盐宗庙大门外景

盐宗庙鸟瞰

瘦西湖

瘦西湖位于扬州市大虹桥路28号，是从清代扬州城北垣绵延至北郊蜀冈的狭长水体，总长约4.5千米，宽度13～116米。瘦西湖是由隋唐大运河水系和隋、唐、宋、元、明、清等不同时代的城濠连缀而成的带状景观，始终与大运河保持着水源相通的互动关系，是大运河的支流，同时也是大运河上独特的文化景观。瘦西湖反映了大运河沿线经济的繁荣和由此而生的文化发展情况，是与大运河带来的思想、文化、技艺的交流和汇集密不可分的运河文化景观。

二十四桥景区

天宁寺行宫（含重宁寺）

　　天宁寺位于扬州市丰乐上街3号，始建于东晋，经历代重修，现存建筑格局为清同治年间修复后的遗存。天宁寺占地面积为11602平方米，中轴线上建有山门殿、天王殿、大雄宝殿、华严阁等建筑，东西两侧建有廊房、配殿。天宁寺与清代扬州文化的繁荣具有密切的关联。它是清代皇帝南巡时在扬州的驻跸之所，两淮巡盐御史曹寅曾奉旨在寺内设"扬州诗局"，主持刊刻《全唐诗》等书；天宁寺也是扬州最早的佛教庙宇之一，它见证了扬州的繁华与自身的兴盛。

天宁寺全景

　　重宁寺位于扬州市长征路15号，始建于乾隆四十九年（1784），咸丰间毁于兵火，同治间重建，光绪间再建。东侧园林已毁。寺中主体建筑与天宁寺位于同一轴线，现存天王殿、大殿、文昌阁、僧房，建筑面积2000余平方米。大殿歇山重檐顶，面阔五间，殿内以铁栗木作柱，天花藻井彩绘完好，并存有清高宗弘历亲题的匾额及撰写的《万寿重宁寺碑》。

重宁寺大雄宝殿

个园

个园位于扬州市盐阜东路10号，是清两淮盐总黄至筠于嘉庆二十三年（1818）在明代寿芝园旧址上建成的宅园，占地24000平方米，为前宅后园式私家园林。住宅由西、中、东三路建筑组成，前后各三进，各路建筑间以火巷相隔。整体建筑群规模宏大，布局严谨。单体建筑体量宏敞，用料考究，是扬州盛极一时的盐商文化和民居文化的珍贵遗存。个园的园林部分以四季假山为主，是个园景色的精华，也是扬州古典园林艺术的杰出代表。

个园四季假山

宜雨轩

住宅仪门

全国重点文物保护单位

何园

寄啸山庄

何园位于扬州市区徐凝门街77号，又名"寄啸山庄"，建于清同治元年（1862），为清湖北汉黄德道道台何芷舢在明代双槐园基础上修建而成的私家住宅园林。全园由东西花园、住宅楼群、片石山房三部分组成，占地面积为1.5万余平方米。园林在住宅以北，以复道廊和花窗隔为东西两部分。园东部贴壁为山，有牡丹厅、船厅等建筑；园西部中央一泓池水，筑有水心亭，西有湖石假山一组。池北有蝴蝶厅，上下两层。楼东与复道廊相连，环山绕水，登楼循廊，可绕园赏景。园南为住宅，西部前进系楠木厅，后两进为西式楼房，有复道廊相连，东部还有中式住宅楼三进。宅东南有片石山房，称"小花园"，光绪九年宅主购于吴氏并入园中，园以湖石假山为胜，相传为石涛叠石之人间孤本。

何园既具有西方建筑特色，又吸收了中国皇家园林和江南诸家私宅庭园之长，并广泛使用新材料，是清代扬州大型园林中最后问世的一件压轴之作。1988年被国务院公布为第三批全国重点文物保护单位。

水心亭

扬州城遗址

扬州城遗址（隋-宋）位于扬州明清老城区及其西北郊，遗址内涵主要包括汉代广陵城、隋江都宫城、东城和罗城、唐子城和唐罗城、宋堡城、宋夹城和宋大城等，面积约20.25平方千米。扬州自春秋时期开始筑城，历经汉、六朝、隋、唐、宋、元、明、清至今，其中隋、唐、宋城遗址保存相对较好。1987年以来，经过科学、系统的考古勘探和发掘，基本查清了隋、唐、宋扬州城遗址的规模、布局、建城年代及其沿革关系。扬州城遗址是中国唯一一座现代化城市和古代城市遗址大部重叠的古城址，其所叠加的丰富历史信息和城市发展的空间关系，是中国历史城市中特有的连续、动态发展的真实代表。1996年被国务院公布为第四批全国重点文物保护单位。

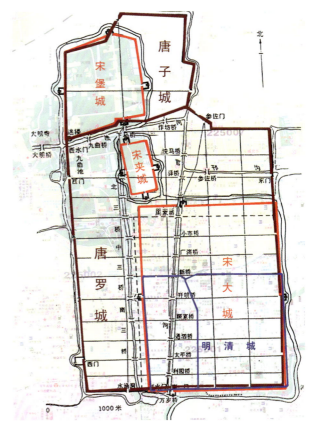

扬州城遗址平面图

宋夹城鸟瞰

2013年隋炀帝墓的发现，进一步丰富了扬州城遗址的内涵。隋炀帝墓位于邗江区西湖镇司徒村曹庄组，东距隋江都宫城西南角约1.8公里。墓葬土墩近方形，东西长49米，南北宽48米，为隋炀帝杨广与萧后同茔异穴合葬墓。两座墓葬共清理出墓志、玉器、铜器、陶器、漆器等珍贵文物近400件（套）。其中"随故炀帝墓誌"、蹀躞金玉带、鎏金铜铺首、玉璋、铜编钟、编磬等文物不但佐证了墓主人身份，而且世所罕见，为研究隋唐时期历史、政治、经济、文化等提供了详实的科学资料。隋炀帝墓考古成果被评为2013年度全国十大考古新发现之一。

蹀躞金玉带

玉璋

鎏金铜铺首

铜编钟

隋炀帝墓全景

萧后墓全景

龙虬庄遗址

龙虬庄遗址位于高邮市龙虬镇北侧，为新石器时代村落遗址，距今7000~5000年，因遗址所在地为龙虬庄村而命名。遗址四面环水，呈圆角长方形，东西长约230米，南北宽约205米，面积4万余平方米。1993—1995年先后进行了4次科学的考古发掘，出土了陶器、玉石器、骨角器等各类遗物。遗址中部为生活区，中部以西为墓葬区，遗址文化层堆积厚约2米。龙虬庄遗址是一支文化风貌独特、文化序列完整的原始文化，具有相对的稳定性和鲜明的地域特征，并被初步确认为一分布于大运河以东江淮地区的新的古文化类型。2001年被国务院公布为第五批全国重点文物保护单位。

碳化稻颗粒

猪型陶壶

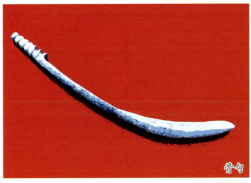
骨勺

古文字陶片

龙虬庄遗址出土文物

龙虬庄遗址

普哈丁墓

　　普哈丁墓位于扬州市区古运河东解放桥南堍,分为清真寺、墓区、园林区三部分,占地面积约15000平方米。普哈丁相传为伊斯兰教创始人穆罕默德第16世裔孙,南宋咸淳年间(1265—1274)来扬州传教,德祐元年(1275)病逝,遵其嘱葬于此。墓园依岗而筑,古木参天,建筑风格独特。大门西临运河,上有"西域先贤普哈丁之墓"石额,沿大门正中拾级而上即入墓园。墓园东北为普哈丁墓亭,呈方形,四角攒尖顶,筒瓦屋面,内为阿拉伯式穹窿顶,四壁有拱门,五级矩形青石层叠式墓塔居中,上刻精美纹饰和《古兰经》章节。西边有南宋至明代来扬传教的阿拉伯人撒敢达、马哈谟德、展马陆丁与法纳墓亭及明清两代附葬于此的扬州伊斯兰教著名阿訇墓。墓园西南有清真寺,西北有元代阿拉伯人墓碑亭,内竖墓碑4通,是1927年扬州城南出土的阿拉伯人墓碑。普哈丁墓是国内外穆斯林敬谒先贤的圣地,也是伊斯兰教活动的重要场所,更是中阿友好的历史见证,一直受到中外穆斯林的珍视。2001年被国务院公布为第五批全国重点文物保护单位。

普哈丁墓

普哈丁墓园全景

吴氏宅第

吴氏宅第位于扬州市区泰州路45号，宅主吴引孙、吴筠孙兄弟。光绪十四年起吴引孙出任浙江宁绍道台时，聘请浙江匠师来扬建造该宅。宅第坐北朝南，原有建筑99间半，占地面积约25亩，包括住宅、花园（名芜园）、吴氏祠堂三部分。住宅由东向西分五条轴线，大门东向，精美磨砖雕门楼。第一、二条轴线上建有门厅、轿厅、爱日轩、观音堂、西式洋楼、测海楼等建筑。第三条轴线上建有对厅、滋德堂大厅、住宅等。第四轴线上仅存第一进，第五轴线已全部毁坏。宅第东侧原有芜园和吴氏祠堂等，现已毁。吴氏宅第整体布局十分严谨，既有浙派特色，又有扬州传统建筑风格。2006年被国务院公布为第六批全国重点文物保护单位。

西式洋楼

测海楼

吴氏宅第浙派门楼

莲花桥和白塔

莲花桥和白塔位于瘦西湖景区内，建于清代。2006年被国务院公布为第六批全国重点文物保护单位。

莲花桥南北向跨于瘦西湖上，因建于莲花埂上，故名，又因桥上有五亭，俗称五亭桥。乾隆二十二年（1757）两淮巡盐御史高恒为迎奉乾隆皇帝二次南巡请名匠创建，后屡加修葺。桥呈"串"字形状，"工"字形桥基为青条石砌筑；桥上建五亭，均为四角攒尖顶，中亭为重檐，其余为单檐，亭内彩绘藻井，亭之间有廊相连。整座桥结构独特，造型优美，具有和谐统一的视觉效果，著名桥梁专家茅以升称之为"中国最具艺术美的桥"。

白塔为砖砌，建于乾隆年间，系喇嘛塔的一种，因塔身洁白，故名。塔建于53级石阶的方形台基上，南墙嵌石上刻"白塔晴云"四字。塔总高25.75米，台基中央建方形折角砖雕须弥座，八角四面，每面三龛，龛内砖雕十二生肖像。座上为宝瓶形塔身，中有佛龛，其上是十三层塔刹，刹上置铜葫芦顶。

白塔

莲花桥和白塔

小盘谷

小盘谷位于扬州市区大树巷58号，为清光绪两江、两广总督周馥之宅园，因园内假山峰回路转，苍岩探水，溪谷幽深，石径盘旋，故名小盘谷。小盘谷占地约5000平方米，由东西两大部分组成，东构园林，西建住宅。园门西向，门额刻隶书"小盘谷"三字。园内南有假山一组，北有曲尺形花厅三间，厅北为一广池，有廊道与池西之水阁相接；阁三面临水，与池东湖石盘谷山峰遥遥相对。池东岸山峦起伏，一峰突起，湖石嶙峋，形似群狮，故有"九狮图山"之称。园西部住宅，东西两轴，前后各三进，建筑面积约2100平方米。小盘谷布局紧凑，运用了以少胜多、小中见大的艺术手法，水池、山石、亭台、楼阁之间有机组合，或幽深，或开朗，或高峻，或低平，对比鲜明，节奏多变，在有限的空间里，因地制宜，随形造景，构建了深山大泽的雄伟气势，是扬州传统园林的杰出代表。2006年被国务院公布为第六批全国重点文物保护单位。

小盘谷大门外景

九狮图山

扬州大明寺

扬州大明寺位于扬州市平山堂路1号蜀冈中峰，始建于南朝宋孝武帝大明年间（457—464），故名。隋仁寿元年（601）曾于寺内建灵塔，又称栖灵寺。唐代高僧鉴真曾在此居住讲学，天宝年间（742—756）于此接受日本僧人邀请东渡日本。明天顺、万历、崇祯年间屡次重建，仍称"大明寺"。清初因讳"大明"，复称"栖灵寺"。乾隆三十年（1765）敕赐"法净寺"。咸丰年间毁于兵燹。现存建筑系清同治年间重建，寺占地面积约8.4万平方米，建筑面积7000平方米，规模宏伟。前有牌楼，后为山门殿、大雄宝殿、藏经楼等建筑，寺东有东苑、万松岭、鉴真纪念堂、平远楼及古琼花树；寺西有平山堂、"谷林堂"、欧阳修祠、西园、天下第五泉等建筑，是一处集宗教建筑、文物古迹和园林风光于一体的游览胜地。2006年被国务院公布为第六批全国重点文物保护单位。

欧阳祠内景

平山堂内景

大明寺外景

高邮当铺

　　高邮当铺位于高邮市高邮镇人民路19号，又称北门当铺，开设于清代早期，至民国间最后一任大股东是高邮绅士马士杰。马士杰曾任江苏省民政厅长、代省长。当铺房屋坐北朝南，为五排四进布局，占地面积2500平方米，现存有柜房、客房、首饰房、号房等80多间。位于当铺中央的二层存箱楼（首饰房）平面近方形，由前后均为面阔五间和进深五檩的二层楼加两厢楼组成，外观如同一座方形城堡，房屋四周是高大的风火墙，东西留有巷道与两侧房屋隔开，不仅保存完整，且结构特殊。高邮当铺是我国目前发现的保存较好、规模较大的古代典当遗存。2006年被国务院公布为第六批全国重点文物保护单位。

高邮当铺首饰房内景

高邮当铺全景

朱自清旧居

　　朱自清旧居位于扬州市区安乐巷27号。朱自清（1898—1948），现代散文家、诗人，字佩弦，祖籍绍兴，六岁随父定居扬州。此宅建于清光绪年间，房主陈氏，20世纪30年代朱氏租住此宅。宅坐北朝南，占地面积约700平方米。大门东向，条砖勾缝门楼，对开黑漆大门。有门房两间，门房西首狭长小天井，天井北侧小院，南向磨砖贴面八角小门，入内天井条砖立铺席纹地面，南向客座两间，装修质朴，窗明几净，是朱自清先生住过的地方，室内布置保持了原貌。门房西侧，朝东二门，磨砖对缝方砖贴面，入内三间两厢一对照，天井一方，为朱家租住。堂屋后穿腰门通后一进，格局与前一进相同。2006年被国务院公布为第六批全国重点文物保护单位。

朱自清旧居

朱自清旧居大门

朱自清旧居天井

庙山汉墓

庙山汉墓位于仪征市新集镇东北蜀岗南缘的庙山村，占地面积约1.2平方千米，以庙山主墓为中心，西北团山、东南舟山陪葬墓呈条状分布。主墓庙山汉墓为覆斗形封土堆，经勘探知为一座大型的汉代土坑木椁墓。1989年，南京博物院、仪征市博物馆初步发掘团山四座汉墓，出土文物达160多件（套），有成套的原始瓷鼎、盒、壶、瓿等漆器和玉器、铜器，具有很高的历史、科学、艺术价值。2013年被国务院公布为第七批全国重点文物保护单位。

舟山汉墓

团山汉墓

庙山汉墓

史可法墓祠

　　史可法墓祠位于扬州市广储门外街24号梅花岭上。史可法（1602—1645），字宪之，号道邻，河南祥符（今开封）人。南明大臣，抗清名将。清兵南下时，他以兵部尚书兼东阁大学士督师扬州，坚守孤城，不屈而死。嗣子史德威寻遗骸不得，葬其衣冠于此。清乾隆年间（1736—1795）于西侧建祠。墓园有门厅，入门有古银杏参天，中为飨堂，面阔三间，进深五檩，四面有卷棚廊轩。堂后为衣冠冢，墓向南，墓前有砖砌牌坊，墓台前立"明督师兵部尚书兼东阁大学士史公可法之墓"墓碑。封土高1.6米。墓园西侧为祠堂，面阔三间，进深五檩，建于乾隆年间，咸丰三年（1853）毁于兵火，同治九年（1870）重建，内供史公遗像。祠后以廊隔出一园，园中梅花岭东西横亘，岭南为池，池东有梅花仙馆，岭北为晴雪轩，亦称遗墨厅，面阔三间，厅内陈列史公手迹、拓片等。2013年被国务院公布为第七批全国重点文物保护单位。

祠堂

史可法墓

飨堂

贾氏盐商住宅

贾氏盐商住宅位于扬州市区大武城巷1号，清光绪年间（1875—1908）盐商贾颂平所建，分住宅和二分明月楼园林两部分，占地面积约2178平方米。大门东向，住宅坐北朝南，分东西两轴，东部四进为花厅、楼屋，厅、房，每进小庭院有花坛或池石为小景。西路前后五进，第一进大厅面阔三间，进深七檩，硬山顶，第二进为楼屋，有廊与厅相连，其后皆为平房。宅西二分明月楼园林为道光年间员氏所建，光绪间贾氏购得并入。园内有南向二分明月楼，楼东有黄石假山一组，是扬州园林中"旱园水做"的孤例，名播华夏。2013年被国务院公布为第七批全国重点文物保护单位。

贾氏盐商住宅大门

二分明月楼园林

逸圃

逸圃位于扬州市区东关街356号，为晚清钱业经纪人李松龄所建。住宅整体布局因地制宜，西宅东园，占地面积2000余平方米。大门南向，东部前院为园，迎门堂建八角门，上额隶书"逸圃"二字，入内开门见山，沿东院墙贴壁为山，上建半亭，下凿鱼池，山旁筑牡丹台等。园北有花厅、书斋等。园西楼屋，坐西朝东，面阔三楹，进深七檩，内有精美的镶瓷板画格扇，保存基本完好。西部住宅六进，前五进山墙叠落式五山封火墙，高低有别，错落有致，雄伟壮观。第六进为读书楼，楼上置步廊木雕木栏杆，图案层次清晰，工艺娴熟。逸圃是保存较为完整的私家园林，建筑规整紧凑，住宅和园林布局合理，朴素自然，为典型的扬州园林建筑风格。2013年被国务院公布为第七批全国重点文物保护单位。

逸圃花厅

住宅木装修

逸圃门厅

汪氏小苑

汪氏小苑位于扬州市区地官第 14 号，为清末徽商汪竹铭购置，民国初年由其子在原有基础上进行扩建，以苑辅宅，故称汪氏小苑。小苑分为园和宅两部分，占地面积约 3000 平方米，建筑面积约 1700 平方米。住宅横为三路并列，纵为三进延伸，前后中轴贯穿，左右两厢对称。庭园玲珑精巧，厅前屋后辟可栖徲、小苑春深、迎曦等小园，使住宅与小园融为一体，曲折多变。装修雕琢工艺精湛，取材珍贵，技法多样，题材丰富。汪氏小苑是扬州清末民初保存最为完整的盐商名宅，也是扬州典型的三间两厢格局组群的传统民居。2013 年被国务院公布为第七批全国重点文物保护单位。

小苑鸟瞰

小苑花园

小苑火巷

江苏省文物保护单位

西方寺大殿

西方寺大殿位于扬州市区驼岭巷18号,明代建筑。西方寺始建于唐永贞元年(805),明洪武五年(1372)重建,明永乐至清乾隆间均有修葺。清咸丰三年(1853),西方寺除大殿外,皆毁于兵火,同治、光绪间相继复建。现存大殿,另有两厢廊房、方丈室等清代建筑。大殿歇山重檐,楠木结构,通面阔三间,梁枋有彩绘。柱下有木楅,保存基本完好。殿后有古银杏一株,树干数围,枝叶繁茂。清书画家、"扬州八怪"之一金农居此度过晚年。1982年被省政府公布为第三批江苏省文物保护单位。

大殿梁架

西方寺大殿

仙鹤寺

仙鹤寺位于扬州市区南门街111号,始建于南宋咸淳年间(1265—1274),相传为伊斯兰教创始人穆罕默德16世裔孙普哈丁创建。明洪武二十三年(1390)重建,嘉靖二年(1523)重修,清代又重修大殿等建筑。仙鹤寺因整座建筑与古柏布局如鹤形,故名。寺门为鹤头,南北两井为鹤眼,寺门至大殿的甬道为鹤颈,大殿为鹤身,南北两厅为鹤翅,院中两棵柏树为鹤腿,大殿后临河的一片竹林为鹤尾。寺占地面积1740平方米,有门厅、礼拜殿、水房、望月亭、诚信堂、配房等建筑,院内存古银杏一株,已有700多年树龄。该寺是我国沿海伊斯兰教四大名寺之一,现为伊斯兰教活动场所。1995年被省政府公布为第四批江苏省文物保护单位。

仙鹤寺礼拜殿

仙鹤寺门厅

扬州天主教耶稣圣心堂

扬州天主教耶稣圣心堂位于扬州市区北河下25号，清代建筑。同治十二年（1873）上海法籍神父来扬聘请扬州工匠建造。教堂坐西朝东，占地面积2080平方米，建筑面积1320平方米。大门东向，是一座具有地方特色的水磨砖砌门楼，上嵌石额，刻"天主堂"三字。门前为砖砌照壁墙。教堂为中世纪哥特式建筑，两坡顶，正立面有三拱门，中门略大，上部开圆形和长拱形花窗，屋尖竖铜十字架，两侧建有对称的钟楼。堂内用簇柱，窗户镶嵌彩色玻璃，装修精致华美。教堂以南有北向二层神父楼一座，保存完好。1995年被省政府公布为第四批江苏省文物保护单位。

教堂大门

天主教耶稣圣心堂

阮家祠、墓

阮元家庙及宅第位于扬州市区毓贤街8号，占地约2000平方米。阮元（1764—1849），字伯元，号芸台，扬州府仪征（今仪征）人，乾隆进士，历任要职，晚年拜体仁阁大学士、太傅，另于学术亦有研究。宅第坐北朝南，规整严谨，质朴宽敞，由东、中、西三路组成，东路为太傅宅第，中路为家庙，西路由部分住宅和隋文选楼组成。祠建于清嘉庆年间（1796—1820），祀阮元高、曾、祖、祢四世，有头门厅、二门厅、飨堂、文选等建筑，大门左侧外墙镶嵌着"太傅文达阮元家庙"的碑刻，正门南侧照壁有砖雕"出门见喜"4个大字。

阮元家庙外景

阮家祠堂

阮家墓地位于蜀冈-瘦西湖风景名胜区槐泗镇槐二村，占地4200平方米，由阮元祖父母合葬墓、父母合葬墓、阮元与妻妾合葬墓组成。阮元墓位于东南侧，墓前有江苏巡抚杨文定撰"阮文达公墓表"一方。北侧分别为阮元祖父母、父母合葬墓。东侧为墓门和墓道，甬道尽头有石碑1通，碑侧有石马1匹。2002年，阮家祠、墓被省政府公布为第五批江苏省文物保护单位。

阮元墓

胡笔江故居

　　胡笔江故居位于广陵区沙头镇晨光村胡家墩，始建于1920年。胡笔江（1881—1938），名筠，字笔江，江都县中兴洲人（今广陵区沙头镇），是民国时期著名的金融家、创业救国实业家，对创建中南银行、投资国内实业、发展民族资本主义工业和支持抗战做出了巨大贡献。故居建筑规模宏大，分南、北两处宅第，占地面积约8000平方米。南宅第坐北朝南，以火巷相隔分为东、西两轴线。西轴线有门房、大厅、上房、下房等主宅前后四进，均面阔五间；东轴线主要为面阔三间的私塾教室、花厅、小花园、礼佛堂等生活用房。北宅第分东西两段。东段为坐北朝南，面阔三间，前后二进的主建筑和其东侧南北向一顺七间的次建筑构成，西段建筑和东段对称，中以火巷相隔。北宅南立面建有五座砖细大门，分主次进出，这种风格在民居建筑中极为少见。2002年被省政府公布为第五批江苏省文物保护单位。

故居南宅鸟瞰

故居北宅鸟瞰

绿杨旅社

绿杨旅社位于扬州市区新胜街23号，始建于清末民初，取意于清代诗人王渔洋"绿杨城郭是扬州"诗句而名。民国十八年（1929）改建后的绿杨旅社三层大洋楼层重新开业，号称扬州的"国际饭店"。建筑坐南朝北，占地面积370平方米，为中西合璧形式，前后两进三层串楼，砖砌砖柱，小歇山顶。中为通天舞池，水磨石地面。舞池后为喜庆大厅，内有红木罩隔，雕刻精美。地面铺设西洋地砖，东西两侧有木楼梯。二、三层临街客房有观望阳台，围以绿色铁栏杆，可凭栏俯瞰街景。每层有外走廊，呈"回"字形，均为木结构，内各隔小间客房，原有床位100余张，均为铜床，每间客房内设有红木茶几、海绵四仙桌、穿衣橱、梳妆台等。在近一个世纪中，来往扬州的达官名流、富商大贾大都下榻绿杨旅社。绿杨旅社是扬州市区保存较好的老字号旅社，其建筑特色鲜明，中西合璧，古朴典雅，现仍用作旅社。2002年被省政府公布为第五批江苏省文物保护单位。

绿杨旅社内景

绿杨旅社外景

文峰塔

文峰塔位于扬州市区宝塔路16号文峰寺内、宝塔湾运河边，为文峰寺内主体建筑。明万历十年（1582）建，塔下建寺，名"文峰"。康熙七年（1668）因地震，塔尖坠毁，次年修复。咸丰三年（1853）遭兵火，腰檐、平座尽毁，仅存砖砌塔身，民国初年重修。塔为砖木结构，七层八面，楼阁式，通高44.75米。一至六层为内方外八角形，第七层内外壁统一为八角形。塔基为石筑须弥座，四面辟拱门，各筑有六级台阶，另四面为拱形窗，廊内梁枋有雕刻彩绘。塔身为砖砌，塔室正中有六角形塔心木，贴壁有木楼梯可登塔。塔顶为八角攒尖式，最上为铸铁塔刹。塔下为文峰寺，门临河，有前殿、后殿及东西廊房等清代建筑。2006年被省政府公布为第六批江苏省文物保护单位。

文峰塔近景

文峰塔远景

岭南会馆

岭南会馆位于扬州市区新仓巷4-3号,始建于清同治八年(1869),卢、梁、邓、蔡姓盐商集资修建,光绪九年(1883)又有增建,是清代粤人众盐商在扬州议事聚集、联络乡谊的场所,同时兼作交易、情报、住宿、娱乐之用。会馆坐北朝南,建筑布局东、西两条轴线并列,占地面积4000平方米。东轴线格局保存基本完整,从前向后依次为门楼、照厅、大厅、殿堂、二层筑楼房二进,再后为空院和小园。水磨砖雕门楼做工精细,纹饰精美,呈五幅面、四砖柱、八字形、牌楼式,门楼上方嵌"岭南会馆"石额。大厅面阔三间,进深七檩,硬山顶,楠木梁柱,屋顶置双层椽望,前有卷棚。西纵轴线建筑,前有水磨砖雕门楼,后为二门厅、照厅,最后一进为大厅。西轴线墙体外侧嵌有"岭南会馆界址"石界。

会馆大厅卷棚

建筑东部原有花园,今已毁。岭南会馆建筑保存完整,规制宏敞,气势高阔,用料考究,雕饰精美,是现今扬州遗存众会馆中最为完整的会馆。2006年被省政府公布为第六批江苏省文物保护单位。

岭南会馆门楼

扬州盐商住宅（廖宅、周宅）

廖氏盐商住宅位于扬州市区南河下 118 号，为盐商廖可亭住宅。廖可亭，江西临江人，曾任曾国藩幕僚，在政商之间游刃有余。清光绪三十一年，廖购余庆堂、慎德堂改建为住宅。光绪三十四年又购宅后严姓空地及部分房屋，予以扩建。现存建筑坐北朝南，东、西两条轴线并列，东轴线建筑前后七进，西轴线建筑前后五进，宅后为花园，占地面积 3000 余平方米。

廖氏住宅楼正立面

廖氏住宅卷棚

周氏盐商住宅位于扬州市区青莲巷 19 号，系盐商周扶九宅第，建于清代晚期。周扶久（1834—1921），名鲲，谱名泽鹏，江西吉安县人，近代中国金融家、上海滩地皮大王、上海滩黄金巨子、近代中国实业家。住宅坐北朝南，由东、中、西三个纵轴线组成，中轴线住宅前后共七进，东轴线前后四进，西轴线前后五进，共有各类房屋合计 150 余间，占地面积 4000 余平方米。2006 年，扬州盐商住宅 (廖宅、周宅) 被省政府公布为第六批江苏省文物保护单位。

周氏宅紫气东来砖雕

周氏宅西式洋楼

匏庐

匏庐位于扬州市区甘泉路221号，系民国初年镇扬汽车公司董事长卢殿虎所建，扬州造园名家余继之设计，为民国初年扬州"四庐"之一。匏庐占地面积1600平方米，北长南阔，形似葫芦，故名。园在宅前，分东、西两部分。东部"匏庐"院中地形狭长如曲尺，南面缀有花木山石，东南隅凿水池，有半亭临水，池北有轩三间，以回廊相连。西部"可栖"较为开阔，中有南向花厅三间，分隔南北两庭院。厅南庭院内，树木葱郁，有湖石假山一组，院西南建一水阁，有廊北通厅北小院，小院内有黄石花坛，植有花木。宅在园北，前后五进。匏庐面积虽小，然委婉紧凑，为利用不规整余地设计之佳例。2006年被省政府公布为第六批江苏省文物保护单位。

匏庐月门

仪门及福祠

匏庐庭院

梅花书院

梅花书院位于扬州市区广陵路248号，原在广储门外，为明嘉靖年间湛公书院故址，万历年间改崇雅书院，崇祯年间废，雍正年间重建后改今名，咸丰三年（1853）毁于兵火。同治三年（1864）于今址重建。现存门厅、大厅、二层小楼两进及东部长廊等建筑，建筑面积1000余平方米。第一进为门厅三间，磨砖门楼，上嵌清代书法家吴让之题"梅花书院"石额。入门楼为一长廊，共计17间，60余米长。第二进楠木大厅面阔三间，进深七檩，前殿有卷棚，厅前有抄手廊相接。第三进、第四进均为二层木楼，皆面阔三间，东有廊房相通，天井相连。梅花书院是国内唯一专课举人的书院，名师硕儒任教，人才济济。梅花书院是扬州市至今唯一幸存的书院旧屋，2011年被省政府公布为第七批江苏省文物保护单位。

书院建筑内景

书院长廊

梅花书院门楼

冬荣园

冬荣园位于扬州市区东关街 98 号，旧称"陆公馆"，清代建筑。园主人陆静溪，原籍安徽合肥，后迁居宝应，再移居扬州，曾供职于两淮盐运司。园内尚存门楼、厅房及住宅等三路建筑，建筑面积 1200 余平方米。东路建筑坐北朝南，自南而北分别为门厅、大厅和三进住宅，皆面阔三间，进深七檩；中路建筑分别为照厅、大厅和三进住宅，前四进建筑皆面阔三间，第五进住宅为明三暗五格局，进深七檩，东西设厢房；西路原为园林部分，有大厅、花厅和中部园林，是园垒土为山，山势自西南向东北平衍，与后院房舍相连，园内植以怪石，参差错落，间种松梅，而以"梅作主人"。当石山盛行之世，此可谓别具一格。现园林部分已毁，花厅于 1984 年移建至瘦西湖西园曲水中保护，仅存大厅，面阔三间。2011 年被省政府公布为第七批江苏省文物保护单位。

冬荣园磨砖门楼

冬荣园花厅

华氏园

　　华氏园位于扬州市区东关街斗鸡场2、4号，建于清代晚期，为盐商华友梅家园。该建筑体量较大，坐北朝南，分东、中、西三路，东园西宅，间有火巷相隔，占地3000余平方米。东路为花园部分，1982年假山移去，花厅、北楼仍存。第一进为门厅三间，大门为砖雕水磨门，过门厅为一小庭院，东南角建有飞檐漏窗半亭；第二进为花厅三间，厅东南雪石作山，厅北有黄石假山透迤与层楼相接；第三和第四进分别为三开间、五开间二层小楼。中路与西路均为前后四进、三间两厢式住宅，进深均为七檩，前后有天井相连，有门与火巷相通。该建筑群高低错落、庭院相连、结构完整，为晚清时期盐商住宅代表之一。2011年被省政府公布为第七批江苏省文物保护单位。

华氏园住宅楼

火巷

华氏园黄石假山

罗聘宅

罗聘宅位于扬州市区彩衣街弥陀巷42号，又称"朱草诗林"，建于清乾隆年间。罗聘（1733—1799），字遯夫，号两峰，甘泉（今扬州）人，清画家、"扬州八怪"之一，自题所居为"朱草诗林"。其创作活动主要在此进行。建筑坐北朝南，占地400余平方米，东部为书斋，西部为住宅。大门朝南，磨砖勾缝门楼，旁立石鼓一对；进门一庭院，条石铺墁。院东有长廊四楹，北接书斋和套间。书斋又名"香叶草堂"，面阔两间，进深五檩；院西南有东向客座三间，南依院墙筑有半亭，名为"倦鸟巢"。亭西有廊通客座。西部住宅前后两进，均面阔三间，进深七檩，第二进为传统的三间两厢式格局，东厢为厨房。罗聘宅是"扬州八怪"在扬州市区唯一的一处故居。2011年被省政府公布为第七批江苏省文物保护单位。

罗聘宅大门

罗聘宅书斋

蔚圃

蔚圃位于扬州市区风箱巷6号，为清末民初陈氏住宅，后归许姓。住宅坐北朝南，原分为东西两路，中夹一条火巷，占地1700余平方米。现东路住宅原有七进已毁，存西路五开间纵向遗存五进，依次为门房、花厅及住宅三进，整体建筑以住宅为主，缀以圃园，布局规整严谨，构筑工整考究。

蔚圃门额

园在第一、二进之间的庭院内，园南置一园门，上有"蔚圃"二字门额。园东侧沿墙建有抄腰廊三间，向北与第二进花厅相接；西南隅筑歇山式凉阁，阁下一泓曲池，池边围以石栏，石栏边对置假山，间植柏树、花淑；面北依壁叠砌湖石假山一座，俗称"龙凤山"。庭园内峰、洞、水、鱼、花、木俱全，布局精致，系扬州著名画家兼叠石大家余继之所筑。2011年被省政府公布为第七批江苏省文物保护单位。

蔚圃花园

扬州文昌阁

扬州文昌阁位于扬州市区文昌中路与汶河北路交会处,明代建筑,占地面积160平方米。阁通高约24米,三层三重檐,圆顶,上盖筒瓦,上置葫芦顶。阁身为八角三级砖木结构建筑,底层四面辟有拱门,与街道相通。第二、三层四周虚窗,置木槅扇。顶为圆形攒尖式,上盖筒瓦,阁形与北京天坛祈年殿相仿。旧时阁上曾悬有"邗上文枢"匾额,并供有文昌帝君,寓昌明儒学文化之意。明弘治九年(1496)在市河上建文津桥直达府学,万历十三年(1585)于文津桥上增建文昌阁,祀文昌帝君,万历二十三年(1595)阁遭火焚,次年重建,清代重修。1952年填汶河筑路,文津桥埋于地下,阁平地保留。文昌阁不仅是著名古建筑,也是扬州城市地标性建筑之一。2011年被省政府公布为第七批江苏省文物保护单位。

文昌阁

树人堂

树人堂位于扬州市区淮海路13号扬州中学内,1930年扬州中学师生捐资所建,由大礼堂、科学馆和标准高度台三部分组成,是一座教学实验楼和会堂相结合的建筑,号称当时的苏北第一楼。建筑坐西朝东,建筑面积约2000平方米。总平面呈飞机形,平顶。前由门廊与翼楼组成前楼,主楼三层,局部四至五层;中为会堂,后为舞台。树人堂为扬州地区近现代优秀建筑,建筑特色鲜明,有较高的历史和艺术价值。2011年被省政府公布为第七批江苏省文物保护单位。

树人堂

武当行宫

武当行宫位于扬州市区东关街300号，原名真武庙，庙内昔有真武大帝铜像。始建年代不详，明宣德年间（1426—1435）重建，嘉靖四十三年（1564）含山（今属安徽）人耿氏在该庙立"武当行宫"碣，用以祈福，始以"武当行宫"名于世。清咸丰间除大殿外，皆毁于兵火，光绪间海州分司徐绍垣重建。现存山门殿、真武殿、大殿，占地面积约1200平方米。山门殿亦称献殿，单层双面坡硬山式清代建筑，面阔三间，屋脊正中置三支画戟，门口一对石鼓，殿内神龛内供奉王灵官。第二进是真武殿，面阔三间，单层双面坡硬山式清代建筑，内供真武大帝铜像。第三进是大殿，面阔三间，单层单檐歇山顶，楠木梁架，前有卷棚，系明代遗存。大殿至真武殿东侧建有廊庑，由三间厅式建筑和四间廊房组成，院内有古银杏三株。2011年被省政府公布为第七批江苏省文物保护单位。

武当行宫大殿

武当行宫真武殿

武当行宫山门殿

准提寺

准提寺位于扬州市区盐阜东路10号，为清代扬州名刹之一。准提寺原为明代的疏理道公廨，是管理盐务的衙门。明代末年改建为准提寺。清康熙十二年（1673）重修，雍正年间重建了山门和大殿，道光八年（1828）又对准提寺进行了整修。咸丰三年（1853）除大殿外余皆毁于兵火，同治、光绪年间复建。现存山门殿、天王殿、大殿、藏经楼，占地面积3000平方米。准提寺寺门朝南，第一进是山门殿，面南开三门。两旁为半圆砖圈门，中间为石细圈门，上嵌"大准提禅寺"石额。第二进为天王殿，面阔五间，进深七檩。第三进为大雄宝殿，系明代遗存，清代重新修建，面阔三间，进深七檩，硬山重檐顶。第四进是两层的藏经楼，面阔五间，进深七檩，檐口悬"山藏海纳"匾额一块。2011年被省政府公布为第七批江苏省文物保护单位。

准提寺藏经楼

准提寺

甘泉山汉墓群

甘泉山汉墓群位于邗江区甘泉街道老山村、甘泉村、杨寿镇宝女村，时代汉，由老山汉墓、汪家山汉墓、吴家山汉墓、老虎墩汉墓、宝女墩汉墓等组成。甘泉山亦称老山，海拔高度约60米，占地约19万平方米，山有七峰。据地方志记载，老山为一代广陵王的墓葬。围绕着老山分布的大小不一的30余座土丘、山墩，是人工堆积起来的同这个家族有着密切关联的高坟大冢。根据历年来的考古发掘和调查，在老山北麓的郑庄有两座西汉时期的刘氏家族墓，位于老山东北的双山，其东侧一座即为出"广陵王玺"金印的东汉刘荆墓，位于老山南边的老虎墩东汉砖室墓，其形制规模等方面的特征已表明这是一处王侯墓葬；此外还有宝女墩、汪家山、吴家山、军庄、双墩、三墩等两汉墓葬。墓葬形制主要是木椁墓和砖室墓，规模宏大，结构复杂，随葬品丰富精美，体现了泱泱汉邦的大国风范和广陵国雄厚的经济基础。2006年被省政府公布为第六批江苏省文物保护单位。

甘泉山汉墓群出土文物

老山汉墓

天山汉墓

　　天山汉墓位于扬州市区平山堂东路98号，原位于高邮市天山乡神居山中，为汉广陵王刘胥夫妇合葬墓，1979年开山采石时被发现，同年6月至1982年5月由南京博物院主持发掘、清理，证实了这两座墓葬为国内罕见的西汉大型岩坑竖穴带斜坡墓道、同茔异穴式"黄肠题凑"木椁墓。墓主人的身份考证为广陵王刘胥（一号墓）和王后（二号墓）。由于神居山开山采石丧失了原地保护的条件，1982年江苏省人民政府决定迁至今址复原保护，并辟为汉广陵王墓博物馆对外开放。黄肠题凑为汉代流行的一种高等级的葬制，棺均为楠木，椁用整段切削平整的柏木拼筑而成。它与玉衣、梓宫、便房、外藏椁同属于汉代诸侯王陵墓的重要组织部分。1982年被省政府公布为第三批江苏省文物保护单位。

广陵王墓木椁

汉广陵王墓博物馆外景

隋炀帝陵

隋炀帝陵位于蜀冈－瘦西湖风景区平山乡槐二村雷塘，占地面积30000平方米。陵墓由石牌坊、陵门、雷塘、雷塘石桥、祭台、神道、城垣、墓碑、墓冢等组成。隋炀帝杨广（569—618），在位14年，大业十四年（618）在江都（今江苏扬州市）被宇文化及等缢杀，初殡于江都宫流珠堂，后葬于吴公台下，唐武德五年，唐高祖李渊以帝礼迁葬炀帝于扬州雷塘。由于年代久远，隋炀帝墓逐渐湮没。清嘉庆十二年（1807），大学士阮元经考证后在此其建碑立石，书法家、扬州知府伊秉绶隶书"隋炀帝陵"。1995年被省政府公布为第四批江苏省文物保护单位。2013年11月，经7个多月的考古发掘，在扬州唐子城遗址西南角的西湖曹庄隋唐墓葬被确认为隋炀帝杨广与萧后的终葬之地。

隋炀帝陵

隋炀帝陵陵园全景

扬州麦粉厂旧址

扬州麦粉厂旧址位于扬州市区便益门广场、古运河西岸。前身为光绪三十二年（1906）开业的高邮裕亨康记面粉公司，民国二十年（1931）水灾，公司将主机搬迁到扬州，并在扬州组股兴建了"扬州面粉厂兴记（后改为"明记"）有限公司"。1933年11月扬州麦粉厂开张；1939年改装欧美式钢磨和德国西门子发电机。现存生产大楼为制粉车间，建筑中西合璧，南向，砖木结构，面阔九间，进深四间，主楼高四层，局部五层。楼东侧现存德国西门子发电机一组，钢架玻璃罩单独保护，为20世纪30年代"兴记"麦粉厂从德国进口的设备。扬州麦粉厂是扬州早期两爿半工厂——振扬电厂、麦粉厂、汉兴祥蛋厂之一，是扬州近代工业起步的见证。2011年被省政府公布为第七批江苏省文物保护单位。

德国西门子发电机

扬州麦粉厂大楼

郭村战斗指挥部旧址

　　郭村战斗指挥部旧址位于江都区郭村镇中央，现存指挥部机要室、政治部、纵队一团指挥部旧址。旧址均为传统民居。指挥部机要室位于副业村，两间东向厢房，此处曾架设电台。政治部旧址位于杨巷村，民房坐北朝南，前后两进，前进三间一厢，后进两间；挺进纵队一团指挥所位于镇西北新桥村，为坐北朝南民房三间。郭村战斗发生于1940年6月，是新四军创建苏北抗日根据地时与苏北泰州地区的国民党苏鲁皖边游击军李明扬、李长江部发生的一场局部战争。郭村保卫战的胜利，为新四军东进创造了条件，促进了苏中抗日根据地的不断成长、壮大和巩固。1982年被省政府公布为第三批江苏省文物保护单位。

政治部内景

政治部外景

参谋处外景

小纪真武庙大殿

小纪真武庙大殿位于江都区小纪镇磨子街12号。真武庙又叫真如寺，初名地藏庵，始为道场，建于唐，后荒废。明弘治八年重建。原有前殿、大殿、藏经楼等建筑，现仅存大殿。大殿坐北朝南，面阔三间带左右廊，进深九檩，重檐歇山顶，建筑面积150平方米。重檐间悬原中国佛教协会会长赵朴初题写的"大雄宝殿"匾，正脊饰龙吻，楠木梁架，楠木立柱28根，下置鼓形青石柱础，斗栱三踩，左右次间和前后檐用月梁形双步梁和单步梁，脊檩下用叉手，保留宋元结构手法。1982年被省政府公布为第三批江苏省文物保护单位。

真武庙大殿

邵伯运河码头及铁牛

邵伯运河码头现为大运河遗产点。邵伯铁牛位于江都区邵伯镇斗野亭内北端，清康熙四十年（1701）制，系整体浇铸，长1.98米，高1.10米，呈俯伏昂首凝视状，腹部铸有"淮水北来何泱泱，长堤如虹巩金汤。冶铁作犀镇甘棠，以坤制坎柔克刚，容民畜众保无疆，亿万千年颂平康"等文字，现已漫漶不清。原为镇水之物，置古运河边，斗野亭建成后又移至此。2006年被省政府公布为第六批江苏省文物保护单位。

邵伯铁牛

大桥徐氏宅

　　大桥徐氏宅位于江都区大桥镇人民路14、16、18号、团结街45号，建于清嘉庆年间。徐氏为大桥镇上的望族之一，以经商为主，后成首富，房地产很多，从鱼市口至白塔河半片街区皆有房产。现存住宅和祠堂两部分。住宅坐北朝南，前后四进，占地面积近千平方米。第一进为门房三间，水磨砖砌门楼，门枕石雕凤凰纹饰；第二、三两进为明三暗四式；第四进三间两厢，硬山结构。建筑厅堂梁、檩、枋木作料好工细，槅扇门雕蝙蝠云气纹，房门雕松鼠葡萄纹、莲花纹等。祠堂位于宅西，咸丰年间遭毁，现仅存厅房一进，坐北朝南，面阔五间，进深七檩。梁柱用料考究，当中三间木柱均雕成荷叶花纹墩，脊瓜柱两边装山雾云，明间四根金柱下置八边形莲瓣如意纹鼓凳式石础，极为精致。2011年被省政府公布为第七批江苏省文物保护单位。

徐氏家祠

徐氏住宅外景

董恂读书处

董恂读书处位于江都区邵伯镇南大街143、145、147号，为明末清初齐氏所建。齐家经营油坊，先后建筑了阴厅、阳厅，前店后宅，沿运河的读书楼和西南角花园等。后齐氏与董恂结成儿女亲家，董恂守孝回家，曾在此读书，并著有《甘棠小志》。董恂（1807—1892），邵伯人，道光进士，经道光、咸丰、同治、光绪四朝，历任礼部、户部尚书、总理事务大臣等。建筑坐西朝东，现存南北两路，占地面积约500平方米。北路前后四进，第一、二进为店房，第三、四进为厅房和正房；南路前后三进，第一、二进为店房，第三进大厅三间。厅后存古井一口。北路北侧为东西向通道，通道入口处建有砖雕仪门，雕有麒麟、喜鹊登梅等吉祥图案。2011年被省政府公布为第七批江苏省文物保护单位。

正屋槅扇门

董恂读书处抬梁结构

阴厅梁托

砖雕门楼细部

董恂读书处砖雕门楼

仪征天宁寺塔

仪征天宁寺塔

仪征天宁寺塔位于仪征市真州镇工农南路近水楼台北苑西侧。塔始建于唐景龙三年（709），南宋初年寺塔毁于兵火，明洪武四年（1371）重建。清光绪三年（1877）遭寺内炊火之灾，塔刹、腰檐、外廊、平座等被毁，仅存塔身。塔为七层八面砖身木檐楼阁式塔，逐层渐收，内部为正四方形，塔高约42米，塔身占地面积54平方米，底层附阶占地面积约372平方米。天宁寺塔是仪征的一座标志性古建筑，塔室内有几层抹角底部采用先进的扁铁过梁技术，在江苏境内古塔中属首次发现。错层相对而开的壸门，自下而上的收分，显得天宁寺塔造型秀丽，气势壮观。1995年被省政府公布为第四批江苏省文物保护单位。

仪征鼓楼

仪征鼓楼位于仪征市真州镇国庆路与鼓楼东路、鼓楼西路交会处。鼓楼始建于明成化二十三年（1487），曾是击鼓报时的公共建筑，嘉靖三年（1524）一度改为关王祠。建筑坐北朝南，占地面积519平方米，为墩台楼阁结构，台基面阔26.8米，进深20.9米，高6.1米，正中筑券门，台基上部为重檐歇山顶的楼阁，楼面阔三间，进深5米，一楼四周环绕半步架围廊，二楼周以回廊。一层内墙北壁嵌有明代嘉靖年间立《鼓楼关神碑记》和《守备李公邑人盛立碑记》2通。2002年被省政府公布为第五批江苏省文物保护单位。

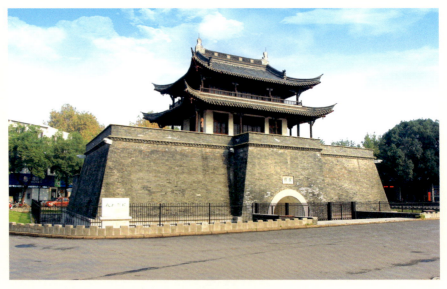

仪征鼓楼

仪征东门水门遗址

仪征东门水门遗址位于仪征市区前进东路东岳庙东南 50 米处。东门水门始建于南宋宝庆元年（1225），元、明、清三代在此基础上进行了修缮和加固，一直沿用至民国。现存水下石工建筑基础，其上半部砖砌券顶建筑已毁。经发掘清理，水门的平面呈"工"形，东西走向，主体部分由南北两厢的石壁、进出水口两侧的四摆手、门道及残存的夯土城墙等组成。水门全长 17.5 米，西面进水口宽 12 米，东面出水口宽 11.5 米。南北两厢石壁长 13.4 米、宽 2.2 米、高 3.8 米。摆手长 3.16 米，与厢呈 45°夹角。水门门洞宽 7.7 米，过道地面用青石板平铺而成，下为密集的木桩。水门上券顶及墙体与主城墙连为一体。2011 年被省政府公布为第七批江苏省文物保护单位。

东门水门遗址出土文物

东门水门遗址全景

郭山遗址

郭山遗址位于仪征市新集镇江宁村郭山组东侧 150 米。遗址为一圆形高台地，平均海拔高度 10.1 米，占地面积约 73000 平方米，文化层厚度平均为 2.8 米，最大厚度近 5 米，遗址堆积非常丰富。地表遍布西周至战国时期生活用具陶器的各种残片，质地以夹砂灰陶、夹砂红陶、几何印纹硬陶器为主，器形有罐、平底盆、鼎、鬲、豆等，纹饰有编织纹、绳纹和几何纹。四周有明显的壕沟环绕，类似古代城市布局，向内有二层台地和夯土迹象。郭山遗址的发现，对于确定古邗沟的地理位置、研究扬州地区商周文化发展序列乃至城市起源及演变具有重要的意义。2011 年被省政府公布为第七批江苏省文物保护单位。

郭山遗址

神墩遗址

神墩遗址位于仪征市陈集镇丁桥村高塘组一处台形高地之上，地势北高南低。遗址的北、东、西三面有河道及水塘环绕，现存面积 1 万多平方米，北侧最高处面积约 1000 平方米。1973 年发现地表和剖面有大量夹砂红陶、几何纹硬陶、黑皮陶、红烧土块、动物骨骼、磨制石器等。1995 年 9 月至 12 月南京大学历史系在此进行发掘，揭露遗址面积 464 平方米，发现一组西周、春秋时期的大规模红烧土建筑居址，地层中陶片等包含物较为丰富，上层文化层以夹砂灰褐陶、泥质红褐陶占多数，下层文化层中泥质黑皮陶明显增多，器形有鬲、豆、罐等。神墩遗址是历年来在江苏宁镇及周围地区商周时代考古中少见的保存较完整的聚落遗址。2006 年被省政府公布为第六批江苏省文物保护单位。

神墩遗址考古发掘现场

神墩遗址

镇国寺塔

镇国寺塔位于高邮市城区西南京杭大运河河心岛，俗称"西塔"。始建于唐代，现存塔身的第一层至第三层为宋代遗物，其他各层均为明代修建。塔为砖砌仿木结构楼阁式，通高32.8米，平面呈方形，七层四面，塔顶为四角攒尖式，顶端直立高2米葫芦式紫铜塔尖，铭刻"风调雨顺国泰民安"的大字，有"南方大雁塔"的美称。塔身高25米，全部用青砖砌建，底层有南北拱门，第二层和第三层相闪辟门，第四层至第七层则四面开门，另第三层至第七层门两侧有灯龛。各层有砖砌叠涩腰檐，腰檐特短，无平座。塔内第七层砖顶饰斗八藻井，交叉木梁上立刹柱，塔顶置覆钵，再上有铜质葫芦形塔刹。现塔的底层有二分之一埋在地下。第三层到第五层的塔门两旁砌有突出的半圆砖柱，层层之间都有叠砌砖出檐，明显地留存了唐代古塔的建筑风格。1982年省政府重新调整公布为江苏省文物保护单位。

镇国寺塔近景

镇国寺塔远景

文游台

　　文游台位于高邮市人民路507号，清代建筑，始建于北宋太平兴国年间（976—984），原为东岳行宫，因苏轼过高邮与本地先哲孙觉、秦观、寓贤王巩等集会于此，饮酒论文，故名文游台。自宋以来，文游台一直吸引着四方文人学士前来访古揽胜拜贤，并遗有大量诗文。主体建筑坐北朝南，有文游台主体楼、盍簪堂、秦观读书台、四贤祠等，占地面积约56亩。盍簪堂面阔五间，进深五檩，单檐歇山顶。盍簪堂后为文游台，重檐歇山顶的二层楼厅。上层面阔三间，下层面阔五间，进深四檩。

文游台

　　文游台西侧为明代专为纪念苏轼、孙觉、秦观、王巩而建的"古四贤祠"，祠后是幽静典雅的秦观读书台。再西为"映翠园"和"重光亭"。文游台大门厅东部堂有两座迁建至此的明清古建筑，分别用作汪曾祺文学馆和秦观词社。1995年被省政府公布为第四批江苏省文物保护单位。

文游台全景

高邮城墙及高邮奎楼

高邮城墙及高邮奎楼位于原高邮城东南角、现高邮市环城南路与琵琶路交会处的西北侧。高邮城墙建于北宋开宝四年（971），高邮军知军事高凝祐始筑，现仅存城东南122.7米一角。城墙为青砖结构，呈拐角状，东西走向存51.7米，南北走向71米，高6.6米，砌体底宽2米，结顶0.87米，雉堞39个，顶部土体铺青砖，两边设置散水坡，城墙拐角内朝北向处，设青砖结构楼梯，可以登城墙。城上有明代奎楼，亦称魁星阁，是一座典型的明代淮式建筑，砖木结构，楼阁式，三级八面，净高20米，腰檐平座环绕，复盆基础，第一层北面开门，第二、三层东南西北四面开门，均为拱形，门外有宽绰的廊沿，四周柱子都呈梭形，每一层的顶板上都有龙、凤、蝙蝠等彩绘。高邮城墙及奎楼是高邮建城的历史见证，2002年被省政府公布为第五批江苏省文物保护单位。

城墙一角

高邮奎楼

净土寺塔

净土寺塔

净土寺塔位于高邮市高邮镇琵琶路街道南侧，原名净土寺空塔，俗称东塔。明代神宗万历四十年至四十三年（1612—1615），高邮知州衷时章所建，清光绪年间修缮；1945年第一次解放高邮，东南一角被战争炮火损坏，次年修复。塔砖砌仿楼阁式，塔身七级，呈八角形，底面直径9.1米，通高47.46米。从第二层向上，门两侧有灯龛。各层砖砌叠腰檐。塔内原有楼板和扶梯可供攀登，后逐渐毁坏。2005年6月，由著名古建专家戚德耀先生亲自指挥测绘、勘查，对该塔再次进行维修。维修过程中排除抗战遗留在塔体内的炮弹三枚，并发现建塔时的记事砖碑一方。净土寺塔以雄伟见长，挺拔而秀顾。2006年被省政府公布为第六批江苏省文物保护单位。

菱塘清真寺

菱塘清真寺位于高邮市菱塘回族乡北部，清道光二十四年（1844）建。坐北朝南，前后三进，两厢三院，占地面积3500多平方米。寺前有照壁，寺后有花园，寺内建筑有前殿、大殿、窑殿、水房、教长室和殡具室。其中窑殿为四方亭阁，飞翼重檐，具有浓郁的民族风格。院内有树龄为300余年的银杏树和金桂各一株，保存的世代相传的宋朝和明朝宣德年号的紫铜香炉两只，是非常珍贵的历史文物。2006年被省政府公布为第六批江苏省文物保护单位。

菱塘清真寺

周邶墩遗址

　　周邶墩遗址位于高邮市卸甲镇周邶墩村，距今近4000年，是江淮东部地区新石器时代晚期一处具有代表性的遗址，20世纪70年代由于砖瓦厂在此取土被发现。遗址平面近似长方形，为7至10米的台形土墩，四周环水，面积约1500平方米。20世纪90年代初为了解江淮东部地区古文化的序列以及与江南、淮北古文化之间的关系，在此进行了小规模的考古发掘，发掘面积134平方米，清理灰坑20个，出土陶器、石器、古角器100余件，发现早中期互相叠压的三种来源于不同地域和不同性质的文化遗存。周邶墩遗址的发掘为了解江淮地区古文化面貌提供了一批丰富的资料，对研究考古学文化的迁徙与传播以及南北文化交流具有重要意义。2006年被省政府公布为第六批江苏省文物保护单位。

周邶墩遗址出土文物

周邶墩遗址

华中雪枫大学旧址

　　华中雪枫大学旧址位于高邮市界首镇太平街87、89号，民国初期建筑，坐北朝南，前后三进，共有房屋16间，均为青砖小瓦、单檐硬山造，占地面积594平方米。第一进门厅三间，为勤务人员值班室。第二进面阔四间，东西厢房两间，为领导生活驻地。第三进房屋面阔九间，为学校领导人办公场所。学校门窗设置模仿了延安窑洞的门洞风格。因当时对敌斗争需要，该办公地对外保密，学校课堂具有流动性，故国民党飞机数次轰炸界首时未对其造成破坏。1946年4月，华中军区将辖区内大学合并，在高邮市界首镇成立"华中雪枫大学"。它以彭雪枫烈士的名字命名，是一所军事化的高等学校，华中野战军许多著名将领都曾在此学习，其旧址具有十分重要的历史价值和现实意义。2011年被省政府公布为第七批江苏省文物保护单位。

华中雪枫大学旧址内景

华中雪枫大学旧址大门

祭墩、竹墩、奋墩

祭墩、竹墩、奋墩位于宝应县射阳湖镇射南村崔桥组、高墩组，在面积约14平方千米的范围内分布着大量人工夯筑的封土墩，数以千计，俗称"九里一千墩"，又称射阳墩。1977年考古调查确认范围——东起射阳湖镇油坊大塘，西至柳树庄约4千米，北起北泾河，南至盐金公路约4千米，尚存残破土墩70余座。曾出土汉代陶器、铁器、玉器、铜器、漆器等文物，其中以蝶形龙凤纹玉佩和夔纹青玉璧等尤为珍贵。保存较好的土墩有祭墩、竹墩、奋墩，均为覆釜形。1982年省政府重新调整公布为江苏省文物保护单位。

竹墩

奋墩

祭墩

周恩来少年读书处

　　周恩来少年读书处位于宝应县县南街水巷口3号，清代建筑。该房屋原为周恩来嗣母陈氏之父陈沅的宅第。1907年，9岁的周恩来随嗣母陈氏来宝应，在这里住了三个多月，与表哥、进步青年知识分子陈式周同窗共读，受到进步思想熏陶，结下了深厚情谊。建筑占地面积700多平方米，由门厅和东、西两个院落组成，均为硬山顶，青砖墙体，小瓦屋面。大门朝北，八字墙，有石鼓一对。东院落有上下正房和东侧厨房，为当年生活起居区。上房面阔三间，西边一间是当年周恩来和嗣母陈氏省亲时居住的卧室；下堂屋三间，东房是藏书房，西边是书房。西宅院是当年的附属用房，由上下正房和两侧厢房组成四合院。此宅布局结构完整，建筑风格简朴，并具有一定规模。2002年被省政府公布为第五批江苏省文物保护单位。

周恩来少年读书处院落

周恩来少年读书处内景

周恩来少年读书处

刘氏五之堂

刘氏五之堂位于宝应县老城区姜家巷13号，建于清嘉庆年间，是清代常见的青砖小瓦建筑。五之取《中庸》的"博学之，审问之，慎思之，明辨之，笃行之"之意，为刘氏历代家风。明正统年间，刘氏先祖由苏州迁到宝应，万历年间，始建五之堂，起初共建有东、中、西三路五之堂，现存建筑为西路五之堂，占地面积3000平方米，坐北朝南，纵深五进，每进五间，前四进砌有廊轩，第五进为双层阁楼。清代，宝应学派享誉江淮，而其中代表人物刘宝楠等，均成长于五之堂中。五之堂布局设计考究，堂中木雕尤为精美，是清代苏北家族建筑的杰作。2011年被省政府公布为第七批江苏省文物保护单位。

住宅东门

住宅第五进

刘氏五之堂全景

同松药店

同松药店位于宝应县安宜镇南大街54号，清代建筑，坐西朝东，占地面积450平方米。始创于清同治年间，为前店后作坊格局，临街的二层小楼为店铺门面，上下八间，药铺正门采用传统的拼合式木板门，门额上悬挂"同松药店"木匾，二楼有木雕围栏和木质花窗。后进上下两层楼房和前进店铺有过廊相连，室内木地板、木楼梯等保存完好，后山墙南端有福祠痕迹。店铺西侧有药材加工间一幢。店内现存有清代遗留下来的木质药柜、青瓷药罐等，这些传世物品和古色古香的店堂建筑一起再现了清代宝应中药店铺的历史面貌。2011年被省政府公布为第七批江苏省文物保护单位。

正门

晒药匾

二楼内景

药柜

朱氏家祠

朱氏家祠位于宝应县安宜镇小石头街8号，建于清道光年间，原名朱方伯公祠，为宝应一门三进士之一的朱士达一支家祠，因朱士达于湖北等地任布政使，故称方伯，家祠依明清布政使称呼惯例称朱方伯公祠。建筑坐北朝南，前后三进，占地面积约682平方米。第一进为门厅五间，大门上饰翘角和水磨叠式飞檐，白色大理石门框两角和下檐均有雕刻图案，两侧置石鼓一对。第二进穿堂四间，屋檐有木作斗栱，槅扇门。第三进大厅五间，四面有走廊，中间三间外檐板有彩绘，室内两侧梁架有彩绘。该建筑属浙派风格，门楼砖雕、木雕比较精美，富有特色，后进大厅梁枋及檐梁彩绘图案色彩鲜艳，内容丰富，保存完好，为苏北地区现存规模较大的清代家族祠堂建筑之一。2011年被省政府公布为第七批江苏省文物保护单位。

门枋及梁架彩绘

第二进院落

朱氏家祠

市县级文物保护单位

广陵区

茱萸湾古闸区

茱萸湾古闸区位于广陵区湾头镇茱萸湾村薛家组湾头老街西街、北街交接处，建于清代，光绪二十八年（1902）重建。闸平面呈银锭形，南北长17米，闸体高5.6米，矶心宽2.3米。尚存长200米石岸，青石砌成，每块青石之间均用银锭榫。闸东西两岸建有砖砌券门，券门上石额分别刻有阮元题"古茱萸湾""保障生灵"。闸区有老街一条，基本保留了原有风貌。闸南岸存有传为太平天国遵王赖文光所用拴马石。

茱萸湾古闸区

厂盐会馆

厂盐会馆位于广陵区新大源62号，清代建筑。坐北朝南，现存门厅、照厅、大厅、二厅等，两侧庭园内尚有半亭一座，占地面积约320平方米。大门、仪门为砖刻门楼，大门楼面阔2.98米，檐高3.8米，上有水磨砖雕莲花、莲瓣、卷草等图案；二门楼面阔3.02米，通高3.8米，上有水磨砖雕福、禄、寿三星图案。大厅面阔三间，进深七檩，高6.3米，前带卷棚，硬山顶，基本完好。

厂盐会馆门楼

浙绍会馆

浙绍会馆位于广陵区达士巷54号，清代建筑，为浙江绍兴商贾来扬聚会议事、联络乡谊、憩息的场所。建筑坐东朝西，现存仪门门房、正厅前后两进及厅南北附属用房数间，占地1200平方米。正厅面阔三间，进深八檩，硬山顶，杉木结构，抬梁式造型，用材较大，厅前卷棚材质为柏木。

浙绍会馆柏木卷棚

四岸公所

四岸公所位于广陵区丁家湾118号，系鄂、湘、赣、皖盐商盐务协调机构。四岸公所占地面积2800平方米，坐北朝南，现存门楼及主屋楠木厅。门楼面阔10.46米，通高7.88米，上有水磨砖雕福、禄、寿三星及莲花、卷草等图案，两侧有吊角箩底砖八字墙；楠木厅面阔三间，进深七檩，带卷棚。

四岸公所门楼

湖北会馆

湖北会馆位于广陵区南河下 170 号，始建于清同治年间，为湖北籍盐商共同创办的盐商会馆。会馆唯存大厅和其后楼宅一幢，建筑面积 600 平方米。大厅坐北朝南，面阔三间，进深七檩，高 6.35 米，硬山顶，前后有卷棚，柱础、雀替雕刻精致，梁架为楠木结构，用材肥硕、考究。其后楼宅为对合式串楼二进，原作念佛楼之用。

湖北会馆全景

后进住宅楼

大厅梁架

盐运司衙署门厅

盐运使司衙署门厅位于广陵区国庆北路 251 号，此地原为明清时两淮都转运使司衙署，管辖两淮（淮南、淮北）盐务，门厅内建有仪门、大堂、二堂、三堂、景贤楼、清燕堂及库房、内宅；清增建题襟馆、苏亭、仪董轩。现仅存门厅。门厅坐西朝东，面阔三间，进深五檩，高 7.7 米，悬山顶盖筒瓦，门厅两侧筑有八字墙，门前有石狮一对，保存完好。

盐运司衙署门厅

甘泉县衙署门厅

甘泉县衙署门厅位于广陵区甘泉路194号，为甘泉县衙仪门。始建于清雍正十年（1732），同治八年（1869）重建。门厅坐北朝南，面阔三间，进深五檩，硬山顶。檐下有斗栱，门前两侧为八字墙，保存基本完好。

甘泉县衙署门厅

刘文淇、刘师培故居

刘文淇、刘师培故居位于广陵区东圈门14号。刘文淇（1789—1854），仪征人，字孟瞻，清代训诂学家。刘师培（1884—1919），字申叔，刘文淇之曾孙，近代国学大师。宅名"青溪旧屋"，亦称"刘氏书屋"，系清代民居，坐北朝南，前后三进，分别为大厅及"明三暗四"、三间两厢住宅两进，占地面积800平方米。大厅南为一院落，院西南有小轩，原额为"艺榭"，为刘师培少时读书处。

刘文淇、刘师培故居

刘庄

刘庄位于广陵区广陵路272号，初名"陇西后圃"，建于清光绪年间，民国十一年（1922）归盐商刘氏。建筑坐北朝南，占地面积6000平方米，南部为住宅，东西向三轴，前后各四进，有楠木厅。园在住宅以北，月洞门上题额"余园半亩"，园内以院落分隔，西院内有南向厅屋、半亭、湖石花坛等；东院北有楼阁临虚，贴墙叠山，南有水池，上叠湖石假山一组。

"陇西后圃"花园

八咏园

八咏园位于广陵区大流芳巷29号，清代丁宝源所筑，1928年被江都人刘豫瑶购得。戊戌变法时期，刘公作为年轻举人，被光绪皇帝亲派赴日留学，归国后先后出任湖北、福建省高等检察厅长、江苏省公署自治筹备处长等职。八咏园坐北朝南，东宅西园。东部住宅两路，前后四进。西部花园，原有春、夏、秋、冬四季假山，花园北部有四面厅等建筑。花园南部亭林已毁，存建筑两进。

八咏园门额

八咏园八字形大门

藤花榭园门

平园

平园位于广陵区南河下 26 号，系盐商周静臣所建，占地 3447 平方米。大门南向，系砖刻门楼。园在宅西，园门东向，上有楷书"平园"石额，园内以花墙分隔为南北两院落；花墙正中开月门，石额上南题"惕息"，北题"小苑风和"；南院中有 300 年广玉兰两株，北院中有南向花厅，面阔五间，进深七檩，厅内置楠木槅扇，装修精致；厅南沿墙叠有湖石假山。

惕息圆门花墙

平园磨砖大门

棣园

棣园位于广陵区南河下 26 号，始建于明代，清初陈汉瞻增建，称小方壶。道光二十四年（1844）为包松溪所有，始称棣园。光绪初为湖南会馆所有。现存观戏厅、蝴蝶厅等建筑，建筑面积 460 平方米。观戏厅坐北朝南，面阔五间，进深七檩，歇山顶，楠木梁架，扁作，山墙博风有精美砖雕，为明构。

湖南会馆门楼

棣园观戏厅

棣园蝴蝶厅

小圃

小圃位于广陵区夹剪桥10号,清同治年间户部主事陈象衡建。宅坐北朝南,分东、西二轴,前后各两进,占地面积约650平方米。东侧带轩大厅及住宅楼皆为三间两厢。厅西有门通西轴花厅,花厅面阔三间,进深七檩,两侧有廊,前有卷棚,厅内置雕花罩。厅西侧有套房、天井、壁上嵌"陈象衡墓志铭"石刻两方,厅后为明三暗五住宅,厅南园林已改。

小圃磨砖门楼

小圃住宅第一进

珍园

珍园位于广陵区文昌中路492号,为清末盐商李锡珍所建,原为"兴善庵",民国初年改筑为园。今园门东向,门额篆体题"珍园"。两侧筑花墙,开漏窗数面。园东南有临水小轩,轩旁有湖石假山一座,中有曲洞,上有盘道,山下水池环绕;西有漏窗回廊,向北折西通四方亭,有一园门通连东廊。园北原有楼屋已改建。楼西内宅现改建为二进平房,后进院东,沿湖石花坛辟池一泓,院西置一六角形井栏,栏壁刻"泉源"二字,背面刻"珍园主人习真氏题,岁在丙寅天中节"。

珍园

刘氏庭园

刘氏庭园位于广陵区粉妆巷19号，清末盐商刘敏斋所建。主体建筑坐北朝南，占地面积1720平方米。住宅位于西部，为大厅、二厅及住宅楼前后三进。宅东为火巷，火巷东北为一庭院，院内有花厅三间，进深七檩，院内残存湖石若干，院墙壁东南角两面有水磨砖漏窗。火巷东南有南向书斋面阔三间，前有抄手廊环抱，槅扇装修保存尚好。

刘氏庭园大门

刘氏庭园水磨砖漏窗

壶园

壶园位于广陵区东圈门22号，清代建筑，亦称"瓠园"，原系某盐商宅园，后为寓居扬州的吉安知府何廉舫家园，园在宅东，亭园已毁，仅北部存广玉兰一株。西部住宅存大厅和平房两进，坐北朝南，占地面积480平方米。第一进门厅，进深五檩；第二进大厅，面阔三间，进深七檩，硬山顶，前有卷棚；第三进后厅，均为三间两厢式格局。

壶园住宅第二进北立面

壶园大门

朱氏园

朱氏园位于广陵区南柳巷38号,清代建筑,原房主朱氏开药草行。西为住宅,东为花园,占地面积1200平方米。主体住宅坐东朝西,建筑前后四进,第一进住宅面阔三间,进深七檩,硬山顶。第二进为三间两厢正宅,面阔三间,进深七檩,硬山顶。第三、四两进已改建。第三进住宅北侧另有对合式四合院。东部花园已毁,仅存残石。

朱氏园大门

朱氏园第二进天井

诸姓盐商住宅

诸姓盐商住宅位于广陵区国庆北路342、344、346号,建于清代,为盐商诸春山、诸坤山兄弟住宅。坐北朝南,占地面积1400余平方米,现存东、中、西三组建筑,各三进。过门堂中轴有仪门,入内为大厅,面阔三间,进深七檩,硬山顶。厅内置竹雕罩格,装修精美,厅设有抄手廊,后进住宅为三间两厢,厅与宅东均有套房、客座、书斋,西为下房。中路和西路住宅前后均为三进,面阔三间。西部住宅后有一地下室。

诸姓盐商住宅仪门

诸姓盐商住宅

贾氏宅（同福祥盐号）

贾氏宅位于广陵区丁家湾1号，清代建筑，为盐商贾颂平所开"同福祥盐号"用房。坐西朝东，南北两轴，占地面积近1000米。大门朝东，为水磨砖门楼。北轴线前后四进，第一进门厅三间；第二进楠木厅面阔三间、进深七檩，硬山顶，大柁梁呈方形，二柁梁呈圆形；第三、四进均为楼上下六间四厢的住宅楼。南轴线前后四进，第一进为南向客座，面阔二间，进深五檩；第二进为面东的厅房，面阔三间，进深七檩；第三、四进均为二层面阔三间两厢的住宅楼。楼后为一小院落，内有附房两间、东向一顺五间厨房以及水井等。

贾氏宅仪门

贾氏住宅楼

丁姓盐商住宅

丁姓盐商住宅位于广陵区地官第12号，原归清代咸丰年间广东廉州知府张丙炎所有，民国期间为盐商丁苋臣所购。现存住宅东、中、西三轴。中轴砖雕门楼、大厅、二厅及住宅楼共七进，大厅面阔三间，进深七檩，硬山顶，杉木梁架，前后有卷棚，厅南两侧有廊相接，西山墙上嵌有摹刻"西岳华山庙碑"刻石8方。东轴住宅前后五进，保存有照厅、正厅、住宅、花厅、厨房，花厅前有花木山石。西轴住宅为客堂、船厅、五间厅前后三进。

丁姓盐商住宅厅房

丁姓盐商住宅外景

马氏住宅

马氏住宅位于广陵区地官第10号，原系民国初年江苏省理代省长马士杰第三子马叔节之宅第，后转让给国民党中央委员、国大秘书长洪兰友。宅坐北朝南，占地面积1600平方米，现存西部建筑前后七进，由南向北依次为大门、仪门、大厅及住宅四进。大厅硬山顶，面阔五间，进深七檩，杉木梁架，前后皆有卷棚，两侧有廊；后进住宅皆面阔五间，均为硬山顶。宅东火巷，火巷东北有建筑前后两进，前为住宅，后为花厅。宅北原有花园，皆毁。

马氏住宅梁架

马氏住宅门楼

第五进住宅南立面

方氏住宅

方氏住宅位于广陵区引市街33号，原系晚清探花方尔咸住宅。坐西朝东，南宅北园，占地面积1738平方米。南部住宅砖刻门楼已毁，内部建筑前后三进。第一进厅房面阔五间，进深七檩，第二、三进为明三暗五式二层楼屋，进深七檩。北部花园，八字砖雕门楼上部雕凤凰，中雕梅花、荷花、菊花、牡丹，下雕福、禄、寿三星人物。园内花厅两间。

方氏住宅门楼

方氏住宅楼

赵氏庭园

赵氏庭园位于广陵区赞化宫旌忠巷33号，原系布商赵海山宅，坐北朝南，东部住宅，西部花园，占地面积约2000平方米；东部住宅前后六进，均面阔三间；西部花园内南有面东书斋三间，北有花厅两进，东侧倚墙有半亭。前进花厅面阔三间，进深七檩，硬山顶，厅内置天花，前皆有卷棚。园内尚存零星山石。

第三进住宅院落

南河下116号民居

南河下116号民居位于广陵区南河下116号。清代建筑。坐北朝南，前后三进，占地面积640平方米。第一进大厅面阔五间，进深七檩，前置卷棚廊轩，大小柁梁两端均有卷杀，前有抄手廊环抱，南廊中部为大门，磨砖门楼。第二进为两层楼房，底层面阔五间，进深七檩，两侧有厢房。第三进面阔五间，进深七檩，两侧有厢房，西厢房均有门通西侧火巷。

南河下116号民居

广陵路 250 号民居

广陵路 250 号民居位于广陵区广陵路 250 号,晚清民居厅房,占地面积 750 平方米,宅主不详,民国期间曾为中央银行扬州支行行址。厅坐北朝南,厅前两侧有廊与照厅相接,硬山造,楠木梁架,面阔三间,前有卷棚,梁架保存完好。

广陵路 250 号民居

广陵路 252 号民居

广陵路 252 号民居位于广陵区广陵路 252 号。系晚清民居,民国年间为国民党交通银行扬州支行行址。厅坐北朝南,硬山顶,楠木梁柱,前后皆有卷棚,面阔三间,进深七檩,厅南两侧有抄手廊相接,厅北存住宅楼等建筑。

广陵路 252 号民居

汶河南路 24 号民居

汶河南路24号民居位于广陵区汶河南路25号,建于明代,原系住宅厅房,占地面积88平方米。建筑坐北朝南,面阔三间,进深七檩,楠木梁架结构,大、小柁梁均系扁作,月梁有彩画。外墙为乱砖砌就,屋面为小瓦覆盖,硬山顶。

汶河南路25号民居

杨氏住宅

杨氏住宅位于广陵区彩衣街30号,为晚清广东盐运使杨紫木住宅。住宅坐北朝南,占地面积近3000平方米。大门南向,水磨砖砌门楼上雕有回纹图案,正中有海棠形镂空人物故事砖雕,两边墙垛上部有镂雕花球。住宅分为东西两路建筑,西路现存建筑前后八进,东路现存建筑前后四进。

杨氏住宅砖雕门楼

杨氏住宅院落

王氏住宅

王氏住宅位于广陵区达士巷12号，为清代烟酒商人王福生住宅，占地面积350平方米。大门南向，水磨砖雕门楼，上有水磨砖雕莲花、卷草及鲤鱼图案。住宅前后四进，第一进门房三间；第二进大厅，面阔三间，进深七檩，前有廊轩；后两进皆为三间两厢格局。

王氏住宅大门

王氏住宅

张联桂住宅

木香巷5号住宅

广陵路218号住宅

张联桂住宅一处位于广陵区广陵路218号，另一处位于木香巷5号。张联桂（1838—1897），字丹叔，江都人。曾任广西按察使、布政使、巡抚，所在均有政声。光绪二十年辞归故里，二十三年卒于扬州。

木香巷5号住宅称"春晖堂"，又称老公馆，是张联桂祖上从江都县浦头镇搬迁过来的老宅，现存旧门楼一座、住宅楼一幢。住宅楼坐北朝南，楼上下六间四厢，平面呈"凹"字形，构架基本完整。

广陵路218号住宅称"延禧堂"，又称新公馆，晚清建筑，坐北朝南，原有东西两轴线，现仅存西轴仪门、大厅、方厅、串楼前后四进，占地面积3088平方米。仪门为砖雕门楼。大厅面阔五间，进深七檩，楠木构架，前有卷棚。方厅面阔五间，进深七檩。住宅楼前后两进，为明三暗四式楼房。

徐氏住宅

徐氏住宅位于广陵区南河下88号,晚清至民国初年军阀徐宝山住宅。现存砖雕门楼、楠木楼及住宅等前后七进,占地面积2266平方米。砖雕门楼面阔3.18米,檐高4.36米,上有水磨砖雕麒麟、鲤鱼等吉祥图案。楠木楼坐北朝南,面阔五间,进深七檩,高8.8米,硬山顶,上下二层,楠木梁架,楼南东西两侧有楼廊相接,底层天花及楼栏杆均系楠木构筑。

徐氏住宅门楼　　　　　　　　　　徐氏住宅楼

新仓巷62号民居

新仓巷62号民居位于广陵区新仓巷62号,系清代朱姓盐商住宅,坐北朝南,西宅东园,占地面积560平方米。西轴南向大门为八字磨砖门楼,保存有门房三间、仪门、大厅及两进住宅。仪门为磨砖门楼,在其东侧原有砖雕福祠。大厅面阔三间,进深七檩,前面及左右三面围以抄手廊。厅后有腰门与后两进三间两厢住宅相通。住宅东面为火巷,并有八角门与巷东花园相通。花园内存花厅、附房等建筑。

新仓巷62号民居木槅扇　　　　新仓巷62号民居磨砖仪门

董子祠

董子祠

董子祠位于广陵区北柳巷99号，始建于明弘治年间（1488—1505），祀西汉江都相董仲舒（前179年—前104年）。清咸丰三年（1853）遭兵火，但未全毁，光绪七年（1881）重修。现存飨堂面阔三间，进深九檩，高10.24米，硬山顶，前有卷棚，楠木梁架，主要构架为明代遗物。殿内东壁嵌有清光绪七年《重修董子祠记》碑。

文公祠

文公祠位于广陵区广陵路119号，祀清代大学士文煜，建于光绪十六年（1890）。大门朝东，有门堂，通洪水汪巷。建筑南向，有飨堂、过亭、偏房等，占地面积约1360平方米。飨堂面阔三间，进深七檩，高8.5米，硬山顶，梁架有雕饰，斗栱完好，明间前有廊接过亭，亭内有八角藻井及彩画。

飨堂斗栱

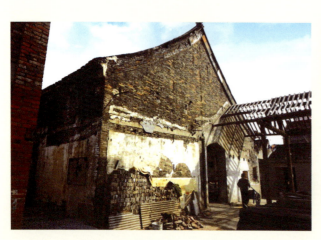
文公祠飨堂

文公祠八角藻井

旌忠寺

旌忠寺位于广陵区旌忠巷2号。始建于南朝，初为寂照禅院，南宋隆兴年间（1163—1164）改功德院，祀岳飞，咸淳年间（1265—1274）赐今名，元至元年间（1335—1340）建大殿，明清时期均曾修建。计有清构山门、大殿、文选楼、两厢廊房及本部寺房，占地面积3600平方米。大殿面阔15米，进深九檩，重檐歇山顶。殿内有鎏金斗栱，楠木金柱，柱下为鼓形木櫍。殿北为藏经楼，旧称"文选楼"，1992年毁于火，1993年按原样复建。

旌忠寺山门

旌忠寺大雄宝殿

祇陀林

祇陀林位于广陵区引市街84号，又名祇陀精舍，原为民国初年军阀徐宝山家园。徐宝山被刺后，其二夫人孙阆仙皈依佛门，舍宅为庵，改名祇陀林。建筑坐北朝南，占地面积1300平方米。庵门朝南，黄墙朱门，嵌"祇陀林"石额。进门天井之北即大雄宝殿，面阔三间，进深七檩。大殿后为念佛堂，过一天井，为玉佛殿。大殿东侧有祖堂，面阔三间，进深七檩。庵东侧有一院落，院中筑花坛。

祇陀林山门

祇陀林大雄宝殿

万寿寺

万寿寺位于广陵区皮市街田家炳中学内。传始建于宋，明景泰七年（1456）重建，清嘉庆二年（1797）改名万寿寺。咸丰兵燹寺毁，后重修。现存大殿、藏经楼、戒台、两厢廊房等建筑，占地面积约3850平方米。大殿重檐歇山，进深九檩，梁柱及斗栱基本完好；戒台面阔三间，进深十一檩。寺内原有唐代经幢，毁于"文革"中。大殿1997年迁建至文峰公园东侧，藏经楼于2008年迁至文峰寺内。

万寿寺戒台

琼花观

琼花观位于广陵区文昌中路360号。原为汉后土祠遗址。宋政和间始称"蕃釐观"，观有琼花一株，相传天下无双，欧阳修守郡建"无双亭"，观后有"玉钩洞天"井，明万历建玉皇阁于三清殿后，清乾隆二年增建文昌祠，后观内建筑屡遭破坏，今观已圮。现存古琼台、"蕃釐观"石额及"玉钩洞天"井，观西有部分寺庙建筑及古银杏。1993年修复石牌坊、观门和两廊，将兴教寺遗存之明代兴教寺大殿移建于此，改为三清殿，殿面阔五间，进深九檩，重檐歇山顶，梁架斗栱完好。

琼花观三清殿

永宁宫古戏台

永宁宫古戏台位于广陵区永宁巷23号，系福缘寺下院。大门南向，现存戏台、大殿及寺房数间，占地面积650平方米。戏台北向，单檐歇山顶，高二层，面阔三间，进深七檩，较残破。

永宁宫古戏台

长生寺阁

长生寺阁位于广陵区跃进桥北、古运河东岸，为长生寺内建筑，又名弥勒阁。嘉庆十六年（1811）建，咸丰年间毁，民国年间扬州盐商肖玉峰夫人出资重建。阁占地面积约200平方米，高约20米，平面呈八角形，砖木结构，八角攒尖顶，内部三层，外部两重檐，重檐之间有两层木构腰檐平座，阁顶为铜质葫芦，底层每面各有一拱门。长生寺阁为古运河游览线上的重要景点之一。

长生寺阁

木兰院石塔、楠木楼

石塔位于广陵区文昌中路绿岛内,始建于唐开成三年(838),南宋宝祐年间及明崇祯年间重修。清乾隆年间,扬州知府李逢春将石塔落地重修,并将唐时《藏舍利石塔记碑》砌入塔下,增建石栏,故塔上有不少清代增补的石构件。塔六角五层楼阁式,通高10.09米,须弥座,各面雕有鹿、马、牛等,座上石栏板雕云龙、莲花图案。塔身一、三、五层南北两面各有拱门一个,其余各层各面均有高浮雕佛像,共24尊。塔顶六角攒尖式,塔刹葫芦形,造型庄严凝重。

楠木楼位于广陵区文昌中路246号、石塔宾馆南侧,崇祯十年(1637)建,1986年在原址向南移30米,进行大修。楼面阔五间,进深八檩,高11.5米,硬山顶,前带廊,楠木梁架,用材较大,施彩画。明间脊枋上有"大明崇祯丁丑年腊月四日……"题记,楼前有古银杏2株。

木兰院石塔

木兰院楠木楼

扬州教案旧址

扬州教案旧址位于广陵区皮市街147-149号。旧址为基督教堂，清同治七年（1868）英国传教士戴德生所建。当年夏，扬州人民张贴揭帖，反对"洋教"，投考生员及民众两万多人忿起焚毁教堂，清两江总督曾国藩将扬州知府撤职，赔偿"损失"，并立碑保护外国教会。这是江苏第一次影响最大的教案。旧址占地面积约800平方米，大门东向。现存两幢南北向中式二层楼房及水井一口。后楼面阔五间，进深8米，外廊深1.6米。前楼面阔三间，进深5米，外廊深2.16米，原大门仍在，门前碑已不存。

后进南立面

前进北立面

四望亭

四望亭位于广陵区四望亭路东端。始建于南宋宁宗嘉定年间（1208—1224），明代重建。原名文奎楼，后名魁星阁，江都县学的组成部分。明嘉靖三十八年（1559）、清雍正十三年（1735）修葺，1952年、1973年再修。太平军守扬州时，曾用此亭瞭望。亭占地面积120平方米，砖木结构，三层八面，八角攒尖式，通高20.34米，四面皆有拱门与十字街道相通。二、三层八面围以古朴的窗栏、槅扇。整体保存完好。

四望亭

宋井

宋井位于广陵区文昌路中段临街，建于南宋嘉熙四年（1240），在宋大城内东南隅，传为莲花庵故址。井在庵中，青石井栏，圆形，高32厘米，栏口外径56厘米，内径42厘米，井深5.6米，青砖平砌。上刻有"皇宋嘉熙肆年庚子（1240）……至节寿昌沙门等"字样。原井栏由文物部门收藏，按原样复制井栏置井上，并在井南墙上嵌"宋井"石额；在井北临街增建一观井方亭，四周植花木，形成景点。

宋井

四眼井

四眼井位于广陵区常府巷大实惠巷23号门前。又称"胭脂井"。常府巷为明初名将常遇春（1330—1369）赐第，今常府不存，此井传为常府厨房用井。井上覆盖石板，上凿四眼，可容四只水桶同时汲水，故名"四眼井"。青石质井栏，厚约26厘米，内径为23~28厘米，井深约7.1米。井身用平砖压角砌叠。保存完好，仍为居民用井。

四眼井

曹起潘故居

曹起潘故居位于广陵区东关街338号,晚清建筑。曹起潘(1906—1931),字建虞,曾化名鲁英士、陈君豪,扬州人。1925年由恽代英介绍加入中国共产党,是扬州最早的中共党组织中共——扬州八中支部书记。1928年起,先后任中共扬州县委书记,城区区委书记和中共泰县县委书记,后因特务告密被捕,1931年牺牲。故居大门朝东,为四合院传统民居。正屋南向四间,进深五檩,照厅北向,四间五檩,东西有厢房相连,均为硬山顶。

曹起潘故居大门

曹起潘故居院落

王柏龄故居

王柏龄故居位于广陵区淮海路44号。王柏龄(1889—1942),字茂如,江苏江都人,国民革命军陆军上将,著名爱国将领。曾任孙中山大元帅府高级参谋,黄埔军校参谋长、代理教育长,江苏省政府建设厅长,国民党三、四、五届中央执行委员等职。建筑坐北朝南,占地面积2340平方米,分东、中、西三组。东组前后二进,为明三暗四两厢砖木结构平房;中组前后四进,均为三开间砖木结构;西组为中西合璧三层建筑花园洋房一幢,又称"憩园"。

憩园

怡庐

怡庐位于广陵区嵇家湾3号。民国初钱业经纪人黄益之建,扬州造园名家余继之所筑,系民国扬州四大名庐之一。坐北朝南,大门东向,园分前后两院落,占地面积460平方米。入门为一庭院,北面居中有花厅三间,进深七檩,硬山顶。东南两面有游廊相接。西偏依墙叠宣石假山,上植丛桂。墙中部有门通厅西小院,院中南北两面相对筑有小屋,北额"藏拙",南额"寄傲",统称"两宜轩"。其后院有书斋三间,进深七檩,硬山顶。

怡庐外景

怡庐花园

邱氏园

邱氏园位于广陵区广陵路292号,民国初年染料商邱氏建。现存大厅、二厅及住宅楼计四进,坐北朝南,占地面积2000平方米。大厅硬山顶,前带卷棚,面阔五间,进深七檩,住宅门楼面阔3.6米,檐高4.8米,门楼上有砖雕麒麟及福、禄、寿三星图案。原西部花园已毁。

邱氏园外墙

邱氏园住宅楼

杨氏小筑

杨氏小筑位于广陵区风箱巷22号，系民国年间地方绅士杨某宅园，为扬州造园名家余继之所筑。园内以花墙分隔空间，形成两小院落，占地面积约400平方米。北院有朝南书斋二间，南院东叠湖石，下凿水池，西南隅筑半亭，向北有短廊与书斋相通。园北为两进住宅，均面阔三间，进深七檩。

杨氏小筑门楼

赵氏住宅

赵氏住宅位于广陵区正谊巷17号，系银钱业商人赵氏所建，民国建筑。住宅坐北朝南，分东、西两轴，占地面积430余平方米。东轴建筑前后三进，西轴建筑前后两进，均面阔三间，进深七檩，硬山顶，小瓦屋面。住宅大门为砖雕门楼，保存较好；仪门砖雕更为精致，上部四角雕有莲花，中嵌白矾石雕福、禄、寿三星，中部雕渔、樵、耕、读，下部雕有周文王访贤人物故事，檐下两角有狮子一对。

赵氏住宅外景

赵氏住宅内景

愿生寺

愿生寺山门

愿生寺位于广陵区埂子街146号。此处原为朱长林当铺，1930年盐商萧某遗孀捐资建寺。现存寺庙建筑有山门殿、大殿、藏经楼、后楼，两厢廊房，占地面积约2889平方米，大殿为重檐歇山顶，面阔三间，进深九檩，四周带廊。大殿北侧有明代楠木厅三间，坐北朝南，硬山顶，面阔12米，进深九檩，高约7米，基本完好。

紫竹观音庵

紫竹观音庵位于广陵区槐树脚小井巷5号，民国建筑，系陈传胪所筑之家庵。坐北朝南，前后三进，占地面积约1260平方米，第一进面阔七间，第二、三进面阔均为五间，东西两侧配有廊房。后院东侧和北侧各有住房三间。第三进大殿面阔五间，进深七檩，高7.8米，硬山顶。前廊为海棠纹卷棚，整个建筑保存完好。

紫竹观音庵门额

紫竹观音庵大门

旌德会馆

旌德会馆位于广陵区弥陀巷1至7号，为清代安徽旌德盐业客商创办。据现存清康熙五十年（1711）十一月老房契记载，当年购买许氏房屋时，"前后共有七进房屋，祠堂高敞，屋檐口出檐椽铺飞椽，使之出檐更加深远，屋面坡度曲缓，屋顶颇陡峭，堂柱下鼓蹬古拙，圆木柱粗实，梁架用料肥硕，檐桁彩绘依稀可见"。现存房屋前后五进，皆面阔四间，两厢房，格局相仿，占地面积638平方米。

旌德会馆外景

旌德会馆第三进房屋

山陕会馆

山陕会馆位于广陵区东关街250至262号、剪刀巷2至6号，是清代山西、陕西盐商在扬州设立的会馆。公馆坐北朝南，占地面积3800平方米，原建筑纵向三轴线并列，现存东轴线前后七进，均面阔三间，依次为轿厅、磨砖门楼及住宅五进。中轴建筑亦前后七进，前四进房屋皆三间二厢，第五进房屋明三暗四，第六进明三暗五，第七进两层楼屋。西轴线改建较大，月门残迹仍在。在剪刀巷会馆北墙东、西两端还嵌有"山陕会馆地基北墙界"石碑。

山陕会馆大门

山陕会馆界碑

山陕会馆仪门局部

盐务会馆

盐务会馆位于广陵区东关街396、398、400号,清代建筑。八字门楼,现存建筑,坐北朝南,前后三进,建筑面积370平方米。第一进北向照厅三间,明间南大门浅刻砖额"蔼园"二字。第二进面阔五间,进深七檩,明间地面铺设方砖,次间、梢间木地板,前置廊轩,天井东西两侧廊房。第三进明三暗五,进深七檩。后有小院,水井一口,散落山石、花木少许。

盐务会馆大门

盐务会馆院落

魏源故居

魏源故居位于广陵区新仓巷37号。魏源(1794—1857),字默深,湖南隆回县人,清代思想家、史学家、文学家。旧居名"絜园",系魏源于道光十五年(1835)购置。魏源在此修订完成了《海国图志》《圣武记》等著作。宅门朝东,建筑南向,北为住宅,南为花园,占地面积2617平方米。花园已毁,残存零星树木山石,住宅大部改建,存抱厦式客厅三间及后进住宅五间。

魏源旧居大门

魏源旧居

卞宝第故居

卞宝第故居位于广陵区广陵路219号。卞宝第（1824—1892），字颂臣，仪征人，官至闽浙总督兼船政大臣，晚年居此。住宅现存楼房前后二进南北对合，东侧有楼廊相接，楼西倚墙有一半亭，占地面积约690平方米。楼均为硬山顶，杉木结构，面阔五间，进深七檩，前后有卷棚。

卞宝第故居第一进

卞宝第故居第二进

张亮基故居

张亮基故居位于广陵区丁家湾20号。张亮基（1807—1871），铜山人，字采臣，号石卿，清道光举人，官内阁中书。咸丰年间历任湖南巡抚、山东巡抚、云贵总督。旧居现存门厅、杉木厅。杉木厅面阔三间，进深七檩，硬山顶。家存咸丰赐"福"匾三方。

张亮基故居大门

李长乐故居

李长乐故居位于广陵区东关街五谷巷41号，为清同治年间直隶提督李长乐购建。李长乐（1837—1889）是江苏淮安盱眙人，同治元年（1862）入淮军任营官，后提升为千总。同治四年（1865）赐黄马褂，历任湖北、湖南、直隶提督，光绪十五年（1889）卒于任上，被封为"勤勇大将军"。

建筑整体布局原分东、中、西三路及小花园，占地面积2000余平方米。现东轴线已毁，存宅西南存小花园一座及中路门楼、二进房屋以及西路三进房屋和西花厅屋构。

李长乐故居大门

李长乐故居院落

陈六舟故居

陈六舟故居位于广陵区糙米巷6、8、10号和东关街羊巷23号，清代建筑。陈彝，字六舟，仪征人，生卒年不详，清同治三年传胪，官至安徽巡抚。糙米巷6、8、10号住宅尚存坐北朝南东、中、西三路建筑，中夹火巷，每路临巷建有门楼。东关街羊巷23号住宅，又称"金粟山房"，内有南向两轴住宅，前后各三进，皆五间二厢。西轴宅后，原为金粟山房小园，留有花木遗迹。

羊巷陈六舟故居外景

许氏盐商住宅

许氏盐商住宅位于广陵区丁家湾 88、90、92、94、96、98、100 号，宅主许蓉楫，建于清代晚期。许蓉楫（1865—1932），字云甫，祖籍安徽歙县许村。光绪年间在扬州开设"谦益永盐号"，民国初年任扬州食商公会会长，乐善好施，曾开设"朱济堂"药铺、粥厂济民，并捐资修桥等。住宅坐北朝南，占地面积约 3000 平方米。建筑东西并列五路，第一路前为磨砖门楼、福祠，后为住宅三进。第二路为花厅、客座以及杂房。第三路建筑前后五进，前三进均为厅房，四、五进为三间两厢二层楼房。第四路建筑前后三进，首进为厅房，其余两进均为三间两厢二层楼房。第五路建筑前后五进，首进为平房，面阔四间，第二进为卷棚厅房，其余均为三间两厢二层楼房并置外廊。

许氏盐商住宅外景

许氏盐商住宅局部

冯氏盐商住宅

冯氏盐商住宅位于广陵区东关街 292 号，清代建筑。坐北朝南，前后五进，占地面积 680 平方米。第一进门厅三间，第二进为二道门厅，门厅上有过楼三间；第三进正房为三间一厢；第四进、第五进为三间两厢式住宅，中间以天井相连。建筑东山墙外为一火巷通道。

冯氏盐商住宅大门

魏氏盐商住宅

魏氏盐商住宅位于广陵区永胜街40号，为盐商魏次庚住宅，建于清代。大门西向，建筑坐北朝南，占地面积1460平方米。东为住宅、西为园林。东部建筑前后五进，前为照厅、大厅，后为三进住宅。大厅面阔五间，进深七檩，前后有卷棚。厅后三进皆为三间两厢，两侧有套房小院。宅西园林部分破坏严重，残存山石树木，原有四面厅——"吹台"，内悬郑板桥书"歌吹古扬州"横匾，中华人民共和国成立后移至瘦西湖上；船厅一座，已移建于大虹桥南"西园曲水"。

魏氏盐商住宅大门

魏氏盐商住宅内景

李氏住宅

李氏住宅位于广陵区石牌楼14、16号，清代建筑，房主李清波。大门面东，砖雕水磨门楼。住宅坐北朝南，分南北两部分。北侧进门为一庭院，西有东向二道门。进门为一庭院，三面回廊，正厅三间。厅后为楼屋，面阔六间，上下两层。南侧大门面东，门厅已改。进门，西有东向二道门，入内住宅前后三进。第一、二进为明三暗四对合式住宅，第三进为三间两厢住宅。

李氏住宅大门

李氏住宅仪门

李氏住宅楼

黄氏盐商住宅

黄氏盐商住宅位于广陵区石将军巷2、4号，建于清末民初。宅主黄锡安曾任四品清理财局编辑科科员、安徽候补知县。该住宅分东、西两部分，坐北朝南，占地面积360平方米。东部住宅前后四进，均面阔三间；西部住宅前为砖雕门楼，后为中西合璧式平房，面阔五间，墙体青砖、红砖间砌几何纹，拱形门、窗，窗户为木制百页窗。

黄氏盐商住宅

陈氏住宅

陈氏住宅位于广陵区广陵路306号，房主陈玉生，清代木行老板。现存建筑东西两组，占地面积590平方米。东组建筑前为门厅，后为正房，均面阔三间，进深七檩。西路住宅，前后三进。前两进为对合式三间一厢住宅，中有天井相连；第三进为花厅，面阔三间，进深七檩，前后置卷棚，明间一木雕镂空仕女罩格，梁架上有雕花。厅前小庭园以鹅卵石和小瓦铺地，组成"团寿"字图案。

陈氏住宅内木雕罩格

陈氏住宅院落

大芝麻巷民居群

　　大芝麻巷民居群位于广陵区大芝麻巷 18、20、34、36、36-1 号。18 号民居，民国初期建筑，坐北朝南，三间两厢对合式住宅。20 号民居，清代建筑。水磨砖雕门楼，住宅四进，均为三间两厢。34 号民居，清代建筑，前后三进，第一进书房三间，第二、三进为三间两厢式住宅。36 号民居，清代建筑，前为照壁，上有砖雕"鸿禧"二字，住宅前后四进。第一进为门厅三间；第二进为大厅，面阔三间，前置卷棚；第三、四进为三间两厢住宅。36-1 号民居，清代建筑，前后三进，第一进为三间客房，第二、三进为三间一厢式住宅。

36号民居磨砖门楼　　　　20号民居大门　　　　　　20号民居第二进院落

湾子街 210 号民居

　　湾子街 210 号民居位于广陵区湾子街 210 号，清末民初建筑。坐东朝西，由东、西两进楼房和一进平房组成。东为平房，三间两厢。西为四合院式串楼，串楼上下两层，有一门厅通湾子街。该建筑平面布局随街道地势而建，充分利用空间。

湾子街210号民居内景　　　　　　　湾子街210民居外景

景氏住宅

景氏住宅位于广陵区新胜街28号,清代晚期建筑。清末景吉泰茶叶店店主景厚斋住宅,占地面积540平方米。现存建筑坐北朝南,东西两组,东组建筑前为门楼,后为两进住宅;西组建筑三进,均面阔三间,进深七檩,前两进屋面相连为勾连搭式,第三进为三间两厢一天井。北侧有水井一口。

景氏住宅磨砖门楼

景氏住宅第二进

达士巷民居群

达士巷民居群位于广陵区达士巷20、22、24号,建于清末民国时期。20号民居现存砖雕门楼一座,内部住宅已改建。22号民居前为砖雕门楼,后为坐北朝南住宅五进。第一进为三开间门厅,第二、三进均为三间两厢住宅,第四、五进为对合式三间两厢住宅。24号民居,前为磨砖门楼,内为坐北朝南住宅四进。第一进门厅三间,进深三檩,第二进大厅及第三、第四进住宅均为面阔三间、进深七檩。

达士巷民居群外景

徐氏住宅

徐氏住宅位于广陵区玉井巷66号,建于清末民初,坐北朝南,分东、中、西三路,每路前后四进,占地面积2068平方米。东路第一进门厅,面阔三间,进深五檩;第二、三进均为三间两厢式住宅;第四进面阔三间,进深五檩。中路第一进面阔五间,进深七檩;第二进为明三暗四式住宅,进深七檩;第三进为三间两厢;第四进面阔三间。西路第一进面阔四间,进深五檩;第二进为明三暗四式住宅,进深七檩;第三进面阔三间,进深七檩;第四进面阔三间,进深五檩。

徐氏住宅磨砖门楼

玉井巷11号民居

玉井巷11号民居位于广陵区玉井巷11号,清末民初民居。水磨砖雕门楼,砖雕为"孔雀、牡丹"纹样,门房为四间楼厅。进大门分东、西两路住宅。东路三进住宅,明三暗四,中间以天井相连。西路第一进为门厅,面阔五间;第二进为花厅,面阔五间;第三、四进为明三暗五住宅。该组建筑,槅扇等木装修保存较好。原有花园,今毁,仅存部分迹象。

磨砖门楼

住宅楼

林氏住宅

林氏住宅位于广陵区石牌楼24号，清末民初民居。坐北朝南，前后四进，占地面积310平方米。大门朝南，二门东向，皆为水磨砖砌，东侧为火巷，中部有照厅、杉木厅及四合院住宅，西部为花厅。杉木厅，面阔三间，进深七檩，硬山顶。住宅为对合式明三暗四建筑。

林氏住宅大门

林氏住宅仪门

张氏住宅

张氏住宅位于广陵区彩衣街24号，建于清末民初，为张安治住宅。张安治（1911—1990），号汝进，笔名张帆、安紫，扬州人。著名画家，曾师从谢公展习中国画，后深得徐悲鸿器重，曾先后在国内外举办个人画展数十次。住宅坐北朝南，前后二进，第一进为门厅，面阔三间，进深五檩；第二进三间两厢，主房面阔三间，进深七檩，天井东西两侧为厢房。

张氏住宅大门

蒋氏住宅

蒋氏住宅位于广陵区风箱巷2号,建于清末民初。门房面阔三间,门楼砖石结构,水磨砖保存完好。住宅分东、中、西三路。东路住宅前后三进,三间两厢;中路建筑前后五进,第一、二进为对合式大厅,第三、四、五进均为三间两厢;西路,南部原为花园,已毁,北有大厅三间。

蒋氏住宅大门

蒋氏住宅内景

张氏住宅

张氏住宅位于广陵区沙锅井2-1、2-2号,清代建筑。清末民初张德坚购置旧庭院改为居所。坐北朝南,分东、西两轴,占地面积650平方米。东轴住宅前后两进,大门南向,八字形水磨砖雕门楼,第一进门房面阔三间,进深五檩;入内过天井为仪门,水磨砖雕门楼,第二进三间两厢,正房面阔三间,进深七檩。西轴住宅前后两进,南为花厅,面阔四间,进深七檩,厅前一庭园,内尚存部分假山石和花草;北为三间两厢式住宅。

张氏住宅大门

张氏住宅内景

邹氏住宅

邹氏住宅位于广陵区史巷7号，民国时期扬州盐业公会高级职员邹育梁购旧宅为居所，占地面积890余平方米。大门东向，水磨砖雕门楼；主体建筑坐北朝南，为明三暗五格局，进深七檩，槅扇门窗保存较好。天井青石板铺地，天井南侧有北向照厅四间，进深五檩。照厅南院落内还有花厅三间。

邹氏住宅仪门

客座木槅扇

史巷9号民居

史巷9号民居位于广陵区史巷9号，为清末民初民居。建筑坐西朝东，前后五进，占地面积870余平方米。第一进为门厅，面阔三间，第二进为砖雕门楼后接三开间二门厅。二门厅以庭院、过廊连接第三进三开间大客厅。大客厅后为一天井，第四、五进均为明三暗五住宅正房。该建筑群五进房屋，以四个天井相连，建筑布局疏朗宽敞。

史巷9号民居仪门

汉庐

汉庐位于广陵区石碑楼7号，清代建筑，原为许姓盐商住宅，清道光年间（1821—1850）篆刻家、书画家吴熙载，现代扬州书法家陈含光及牙雕家黄汉侯曾先后居于此。汉庐占地面积约770平方米。大门北向，东部有花厅、大厅及住宅楼；西部系明三暗五带厢房四合院住宅，正屋与侧座相对而建，正屋面阔五间，进深七檩，硬山顶，杉木梁架，室内置天花，保存基本完好。

汉庐住宅

汉庐磨砖门楼

王氏民居

王氏民居位于广陵区金鱼巷26号，建于清代晚期。坐北朝南，分东、西两条轴线。西轴线前后四进，第一进为门厅；第二进三开间大花厅为卷棚式建筑；第三进正房三间两厢建筑，正房后为一小庭院，小庭院北端有南向三开间书房。书房为台门式建筑，朝南一排上推式窗户，设计精致、大方，开启方便，落下无痕迹，独具匠心。东轴线与西轴线基本一致，有腰门相通，并列而成。

王氏民居内景

冯氏住宅

冯氏住宅位于广陵区文昌中路九巷9号，建于光绪年间，系清代酒店店主冯广盈住宅。建筑坐北朝南，东、西两轴，占地面积530余平方米。大门东向，八字形磨砖对缝门楼。入内迎面砖雕福祠。福祠左为磨砖对缝砖雕仪门，入仪门为西轴住宅前后三进，中进大厅面阔三间，进深七檩，前置柏木雕卷棚，厅堂前旁置廊，东廊有耳门通东侧火巷；火巷东侧为东轴偏房前后三进。整体保存较好。

冯氏住宅大门

冯氏住宅砖雕仪门

冯氏住宅内景

清真寺

清真寺位于广陵区马监巷34号，清康熙五十三年（1714）古元秉所建。原有门厅、牌坊、礼拜殿、照厅、水房、厢房、宿舍等数十间建筑。牌坊上有"整容门"匾额。现存门房、礼拜殿及宿舍等建筑，占地面积713平方米。礼拜殿面阔三间，进深七檩；宿舍面阔四间，进深七檩，南北两侧各有厢房，前有披廊。大殿后古银杏树两棵，"怀清井"一口，俗称"七奶奶井"，传为七烈女避难清真寺殉节处，井旁墙上嵌砌有记载七烈女事迹的石碑一块。

清真寺外景

地藏庵

地藏庵位于广陵区宛虹坊34号,始建于唐代,清代重建。原有建筑大部分已毁,现存藏经楼、后楼及僧房等部分建筑,占地面积1300余平方米。藏经楼面阔三间,进深九檩,前带副阶。后楼面阔五间,进深九檩。在其北面侧尚有二层小楼一座,面阔三间,进深五檩。

地藏庵

藏经院

藏经院位于广陵区宛虹桥58号,始建于明万历年间(1573—1620)。清咸丰年间毁,同治年间重建,光绪年间增修。建筑坐北朝南,占地面积约630平方米。原大门已拆除,现存房屋三进,均面阔五间,进深七檩,硬山顶,小瓦屋面。第二进建筑有藏经阁楼,上藏经版,和合窗下为金丝楠木栏杆。院内存放《敕赐藏经禅院》石额。经版为清代、民国刻《华严经》等2万余片,均残缺不全,1998年转广陵古籍刻印社保存。

藏经院第二进

浸会医院旧址

　　浸会医院旧址位于广陵区南通西路苏北人民医院内。浸会医院为清光绪三十一年（1905）美国西差会派美籍伊文思医师来扬行医布道时创立。民国十年在今址新建，建有门诊楼、病房楼一幢以及西教士（医师）宿舍楼、护士楼、职工宿舍楼。现存三幢二层西式楼，平面、外部造型基本相同，均为上下两层砖木结构房屋，清水砖墙，木楼地面，青平瓦屋面，四坡水形式。

浸会医院北小楼

浸会医院南小楼

盐务稽核所

　　盐务稽核所位于广陵区淮海路33号，民国十年（1921）用盐业税收款建造，为两淮盐务稽核所外籍人士的别墅。建筑坐北朝南，为三层洋楼，"人"字形红瓦屋顶。楼内有客厅、卧室与办公用房，并有较高档的生活设施。抗日战争期间日军侵占该建筑，并于此设日军"苏北宪兵司令部"。1950年春，为迎接亚洲及太平洋区域和平会议代表来扬，改为"大汪边招待所"，又称"华侨招待所"。曾先后接待过刘少奇、谢觉哉等一批国家领导人及重要知名人士。

盐务稽核所

沙锅井

沙锅井位于广陵区沙锅井巷9号东侧，系清代构筑物。井栏火山石质，口沿呈唇沿，圆弧状，卷边附带两耳，形似沙锅，故名。井栏内径45厘米，外径68厘米，高70厘米。井壁为青砖圈砌。井外围方形井台，外围围以铁索护栏。

沙锅井

如意井原井栏

如意井

如意井位于广陵区如意巷13号民居前，清代水井。原为青石井栏，上刻高浮雕"如意"、"卷草"纹图案，已被盗。井壁青砖砌筑，井台已改动。《扬州园林》曾经著录。该井水质清澈，现仍为附近居民生活用井。

玉井

玉井位于广陵区玉井巷3号民居大门北侧，清代水井。井台为长方形，外围有流水明沟。青石井栏，外腹壁上刻"玉井"、"丙寅"字样。井壁青砖圈砌，圆筒形，内径34厘米，外径59厘米，高30厘米。该井水质较好，现为附近居民公共生活用井。

玉井

滚龙井

滚龙井位于广陵区丁家湾与滚龙井巷交会处，清代开凿。《扬州画舫录》中载："（丁家湾）路西为井厅，通厨子庵，中有泉清洌。"即为此井。井上原架木棚，装滚筒，井绳两头系桶，交替汲水，今木棚架拆除。青石井栏，圆筒形，内径46厘米，外径76厘米，高42厘米。井壁为青砖砌筑。

滚龙井

板井

板井

板井位于广陵区板井巷8-2号民居西侧，清代水井。方形井台，四周有流水明沟。井栏为青石质，八角形，内径45厘米，高60厘米，井栏有较深的绳痕。井栏外腹有绿漆书"板井"字样。井栏下为方形石基座，井壁砖砌。

大东门桥

大东门桥位于广陵区大东门街东首、彩衣街西端，东西向横跨于小秦淮河上。始建于明代嘉靖年间，原为明代旧城东城门外护城河上的木构吊桥，1927年改为砖石拱桥，桥基保留。石砌桥基、砖券拱顶，桥面长10.7米、宽4.7米。

大东门桥

小虹桥

小虹桥位于广陵区北城根、南柳巷之间，东西向横跨于明旧城东侧护城河——小秦淮河上。始建于明代，砖石拱桥，砖拱结构，石砌桥基、砖券拱顶。桥面中间为石砌阶梯，两侧砖铺。

如意桥

如意桥位于广陵区太平码头西侧，东西向横跨在明旧城东护城河——小秦淮河上，始建于清同治七年（1868）。砖拱结构，桥面长15米、宽2.7米。砖砌桥栏，上镶"如意桥"、"同治七年立"、"埂子街公捐重修"石额题记。1978年、2002年修缮。

如意桥

迎薰桥

迎薰桥位于广陵区南门外大街北首，南北向横跨于明清扬州城南护城河上。原为吊桥，清代改建为砖桥，清光绪七年、1923年维修。砖拱结构，桥面长7.05米、宽5.5米。桥面两侧为砖砌桥栏，上镶"迎薰桥"、"清光绪七年修"石额题记。沿用至今，保存完好。

迎薰桥

江都县文化界救亡协会旧址

江都县文化界救亡协会旧址位于广陵区谢家巷13号，清代建筑。建筑分东西两路，占地面积985平方米。东路建筑坐西朝东，南为前后两进、明三暗五式住宅，北为前后两进、明三暗四式住宅。西路坐北朝南，第一进为三间两厢，后为一小庭园，园内有书房一进，书房北侧为客厅两间。原为陈素住宅，1937年宅主人陈素与江上青等人在此筹建了"江都县文化界救亡协会"，开展抗日救亡活动。

江都县文化界救亡协会旧址

许幸之故居

许幸之故居位于广陵区板井巷38、40号,为当代油画家、美术理论家、文学家许幸之故宅。建筑坐北朝南,东、西两轴住宅前后各四进。东轴原门厅已毁,进门为一庭院,过庭院为对合式三间二厢,进深七檩的大厅,第三、四进结构基本与第二进相同。西轴第一进为门厅,面阔三间。过门厅亦为一庭院。第二进为三间二厢大厅。第三进住宅现已建。第四进基本保存完好。

许幸之故居

刘氏盐商住宅

刘氏盐商住宅位于广陵区绞肉巷1号,清代盐商刘春田所建,民国二十九年售于粮商庞春甲。宅坐东朝西,占地面积2432平方米。大门北向,门楼已毁。进门为一庭院,庭院内共有三组建筑。南路前后三进,第一进门厅面阔三间、进深五檩;第二进偏厅面阔三间、进深七檩;第三进为二楼,面阔三间、进深七檩,前三面串廊。中路前后三进,第一进面阔三间、进深七檩,前三面有廊;第二、三进为两层串楼式住宅,面阔三间、进深七檩,南北两侧各有厢楼,建筑高大轩敞,房檐砖雕,做工讲究。庭院北侧隔火巷为北路建筑前后两进,第一进面阔四间、进深七檩,第二进面阔三间、进深五檩。

刘氏盐商住宅

基督教礼拜堂

基督教礼拜堂位于广陵区萃园路2号，系1923年美国南方浸礼会传教士所建，为仿西方古典柱式二层建筑，占地面积约600平方米。砖木结构，"十"字形屋顶，鱼鳞瓦屋面，正立面和东西立面台基上做扁方壁柱，檐部做山花。平面为20世纪30年代盛行的主日圣经学校与礼拜聚会相接合的布置方法，中为大礼堂，两侧有教室20间，均为活动隔间。礼堂后建二层平顶楼房，为牧师住所、办公室、会议室、接待室等。

基督教礼拜堂

明庐

明庐位于广陵区广陵路122号，系民国时期扬州"四庐"之一。宅主姜氏，民国初营造社主人，购广陵路旧居并将其改建，称"明庐"。建筑坐北朝南，占地面积1010平方米。前为住宅，前后三进，均面阔三间。后为花园，南围墙门额题"明庐"两字，内有厅房一座，明三暗四，西首厢房内保留圆形罩隔。厅后为一小庭院，旧为厨房，现已毁。

明庐住宅

明庐门额

凌氏住宅

凌氏住宅位于广陵区南柳巷90号，民国时期建筑。住宅坐东朝西，砖木结构，前后三进，占地面积480平方米。第一、二进住宅均为三厢两间，第三进面阔五间，均为硬山顶，小瓦屋面。住宅南北两侧火巷，北火巷内有古井一口。该建筑保存完好，至今仍保留着民国初年修建时的水泥天井路面和水磨阶沿石。

凌氏住宅

参府街民居群

参府街民居群位于广陵区参府街70-78、80、82、86-90号，为民国初赵氏、高氏、曹氏、田氏住宅。70-78号为赵氏住宅，前后六进，均为明三暗五对合式住宅，前后天井相连。80号为高振声住宅，前后两进，明三暗五住宅。82号，民国中医田野住宅，东面为住宅，西面为诊所，南面为花园。主体建筑为西式小洋楼一座，面阔三间，砖木结构。86-90号为曹氏住宅，现存两进，为明三暗五住宅，东西厢房，前后有天井相连；宅北原有庭园，后遭破坏。曹氏住宅第一进东山墙下嵌有"庆馀堂界"界碑一方。

住宅内景　　　　　　　民居外景

丁氏住宅

丁氏住宅位于广陵区广陵路 128 号，为民国时期扬州律师丁绳武（光祖）所建。现存建筑坐北朝南，前后三进，占地面积约 210 平方米。第一进为砖雕门楼和门厅，门楼后过道有土地祠。第二、三进为住宅，均为三间两厢。

丁氏住宅仪门

丁氏住宅内景

赵氏住宅

赵氏住宅位于广陵区弥驼巷 10 号，民国建筑，宅主赵芝山。建筑坐北朝南，东为花园，西为住宅，占地面积 810 平方米。花园门额镌刻"长春"两字，落款为"癸未仲春，含光书"，园内花厅一座，面阔三间，进深七檩。西轴住宅前后四进，皆面阔三间。宅东侧为附房。花园与住宅平行布置，颇具特色。

赵氏住宅内景

赵氏住宅腰门

胡氏住宅

　　胡氏住宅位于广陵区东关街306、312号，为民国年间银行家胡仲涵住宅。建筑整体为前宅后园，分东西两条轴线，占地面积1568平方米。东轴依次为临街门楼、仪门、照厅、正厅以及明三暗五住宅一进；西轴线为照厅、正厅及两进住宅。宅后花园内有庭院、花厅。庭圆沿围墙架设假山，下凿曲状鱼池，旁置石栏。花厅为中西合璧建筑，三面置廊临虚，屋面单檐歇山顶，四角起翘。

胡氏住宅外景

胡氏住宅内景

李氏住宅

　　李氏住宅位于广陵区大实惠巷4号、小实惠巷14号，为晚清画家李墅（石湖）及其弟李石泉寓所。建筑坐北朝南，东宅西园，占地面积1070平方米。住宅前后四进，其中第一进为楠木厅，面阔三间，进深七檩，前后有卷棚。梁柱为扁作，内置天花。西园原有半亭、金鱼池，现已毁，北有花厅三间。园东南墙壁原有"淳化阁帖"刻石三方，今仅存一方。

第三进住宅

李氏住宅局部

金氏住宅

金氏住宅位于广陵区苏唱街 17 号，系扬州浴室创始人金宝芝的住宅。宅坐北朝南，由东西二座楼房和花厅组成。东楼为二层小楼，面阔四间，传统风格。西楼为二层西式小洋楼风格，面阔三间，青砖木构结构，水磨石地面，顶为平顶，上置小歇山。花厅位于西楼南，面阔三间，天井内有一口水井，方形青石井栏，砖砌束腰井壁。

金氏住宅小楼外景

金氏住宅小楼局部

王氏住宅

王氏住宅位于大羊肉巷 4 号，为扬州清曲名家王万清住宅。王万清 11 岁随父王弼成习昆曲，3 年后改学扬州清曲，在艺术实践中，融汇众家之长，形成王派风格。晚年悉心总结近代清曲名家及自己的演唱经验，著有《扬州清曲唱念艺术经验》和《扬州语音》两文，刊于《扬州戏曲》。该住宅坐北朝南，前后三进，前两进均为三间两厢，第三进为上下两层小楼一幢，保存基本完好。

王氏住宅外景

王氏住宅内景

公园桥

公园桥位于广陵区公园巷西首，东西向横跨于明旧城东护城河——小秦淮河上。桥始建于民国七年，1947年修缮栏杆，1964年、2002年又分别进行修缮。桥为砖拱结构，石砌桥基，砖券拱顶，桥面呈八字形，长7.8米、宽4.1米。

公园桥

震旦中学礼堂

震旦中学礼堂位于广陵区广陵路56号，民国九年（1920），法国耶稣会士山宗机在扬州创设学堂，开始称为圣约翰伯尔各满公学，后称"扬州震旦大学预科"。民国二十年（1931）改称"私立震旦大学附属扬州震旦中学"，由江苏省教育厅核准立案，开办时仅有高中部。民国二十一年后，增设初中部。民国二十四年（1935）又采取男女分校制，民国三十八年（1949）7月停办。现保存有教学楼一幢，坐北朝南，面阔46.8米，进深11米，结构基本完好。

震旦中学礼堂

大陆旅社

大陆旅社位于广陵区新胜街26号，民国时期建筑，是民国时期新胜街最大的三家旅社之一。坐北朝南，前楼后院，占地面积290平方米。楼为三层砖木串楼，中西结合形式，内为透空式中庭，结构完好。

大陆旅社外景

大草巷杨氏住宅

大草巷杨氏住宅位于广陵区大草巷62号，建于清同治年间，后杨幼亭（杨佑）购置居住。杨曾任清廷五品官，民国初年任省属硝磺局局长，负责江苏、上海地区民用火药专营。建筑坐北朝南，前后五进，依次为门房、仪门披房、厅房及面阔三间住宅两进，皆硬山顶，建筑面积330平方米。仪门为磨砖门楼，厅房面阔三间，前有柏木卷棚，上雕鲤鱼图案。

杨氏住宅磨砖门楼

问井巷查氏住宅

问井巷查氏住宅大门

问井巷查氏住宅位于广陵区问井巷46、48、50号，清代民居，为律师查凤岐住宅。宅坐北朝南，以火巷为界分东、西两路，建筑面积620平方米。东路前后两进，均面阔三间，第一进门窗较为精致。西路前后四进，仪门东向，为水磨砖门楼。第一进面阔三间；第二进正厅面阔四间，前有卷棚，梁架雕精致鲤鱼图案；第三、四进均面阔四间。火巷内有六角门花墙，上有"余步"石额。

通运南街16号民居

通运南街16号民居位于广陵区通运南街16号，清代建筑，坐北朝南，前后五进，建筑面积490平方米。从南向北依次为门房、仪门、厅房及住宅两进，均面阔三间，硬山顶，小瓦屋面，两侧建有防火墙。大门和仪门皆为磨砖门楼，厅房前有卷棚。住宅东有火巷。

通运南街16号民居外景

湾子街 69、71、73 号民居

　　湾子街 69、71、73 号民居位于广陵区湾子街中段，清代民居，建筑面积 1050 平方米。69 号住宅坐北朝南，磨砖门楼，内部建筑前后两进，第一进面阔三间，前有轩廊，木构槅扇，后设屏门，小瓦屋面，两侧防火墙。71 号住宅坐北朝南，磨砖门楼，入内火巷东、西分别为前后两进住宅，后院有水井一口。73 号住宅大门南向，条砖勾缝门楼，内部建筑坐西朝东，南、北三间并列，前为天井，两侧厢房。

民居外景

民居内景

花园巷 17、19 号毕园

　　毕园位于广陵区花园巷 17、19 号，清代建筑，园主毕南高。园坐北朝南，占地面积 668 平方米。原有磨砖门楼，现已毁。门内为大厅，面阔四间、进深七檩，前置廊轩，用料硕大。厅前天井用青砖及鹅卵石铺地组合"卍"纹图案，天井南侧台基上遗有"珊瑚轩"石额一方。大厅东、南侧为花园，园内现存古井一口。花园东南角有二层楼房一座，面阔两间、进深五檩，东西两侧为高大的围墙，西侧开有小门通花园。

毕园厅房

毕园住宅二楼

苏唱街 24 号吕氏住宅

吕氏住宅位于广陵区苏唱街 24 号,清代建筑。原房主为开设绸缎庄的吕氏。坐北朝南,前后五进,占地面积 480 平方米。第一、二两进为二层楼房,上下六间带两厢四间;第三、第四进为对合形式的四合院,皆面阔三间。第五进为楼上下六间两厢四间小楼。宅东原有花园,现已毁。

吕氏住宅全景

弥陀巷吴氏住宅

弥陀巷吴氏住宅位于广陵区弥陀巷 29 号,为清光绪年间"扬州三狂士"之一的吴恩棠住宅。宅坐北朝南,建筑面积 550 平方米。东轴为客座与厨房,已改建。中轴为书房与客厅,客厅面阔三间,进深五檩,部分槅扇保存。西轴为住宅,前后两进,皆面阔三间,进深七檩,前有天井,两侧厢房。

吴氏住宅大门

吴氏住宅内景

甘泉路 17 号李氏住宅

甘泉路 17 号李氏住宅位于广陵区甘泉路 17 号，清代民居，原房主李氏，经营商品零售生意，一说是从事中医。房屋规模较大，坐南朝北，以马头墙相隔分东、西两路，建筑面积 1150 平方米。东路前后四进，第一、二两进为两层楼房，面阔五间，天井两侧厢楼；第三、四两进均面阔五间，其后有三间附房一座、六角古井一口。西路前后三进，第一、二进为对合形式的四合院，均面阔三间；第三进为大厅，面阔三间，前后均有柏木卷棚。

李氏住宅第二进

李氏住宅火巷

埂子街 172 号梁氏住宅

埂子街 172 号梁氏住宅位于广陵区埂子街 172 号，清代民居。建筑规模较大，坐东朝西，分南、中、北三路建筑，建筑面积 1145 平方米。南路前后七进，依次为门房、仪门、厅房及住宅四进，均面阔三间。仪门为砖刻门楼，厅房前置卷棚。中路前后四进，第一进三间，第二进花厅仅存柱础及铺地砖，第三、四两进均为三间两厢格局。北路前后两进，为三间两厢一对照格局。

梁氏住宅仪门

梁氏住宅内景

巴总门 15 号民居

巴总门 15 号民居位于广陵区巴总门 15 号，清代建筑。前四进坐西朝东，最后一组建筑坐北朝南，占地面积 638 平方米。大门朝北，临巴总门巷。第一进仪门门厅，面阔五间、进深五檩，仪门为磨砖门楼；第二进大厅为明三暗五格局，进深七檩；第三进面阔五间、进深五檩；第四进也为明三暗五格局。最后一组前后两进，南进面阔三间，北进为明三暗四格局，进深七檩，套房天井有西便门通引市街，门内迎面墙上有福祠一座。

住宅外景　　住宅木槅扇

钞关西后街 10 号民居

钞关西后街 10 号民居位于广陵区钞关西后街 10 号，清代民居。坐北朝南，前后三进，均为硬山顶，建有三阶马头墙，建筑面积 490 平方米。第一进门房面阔四间，进深五檩，八字磨砖大门，迎门有福祠一座；第二进面阔三间，进深七檩，前有廊带卷棚，天井两侧厢房；第三进面阔六间，进深七檩，前有廊带卷棚，中为天井，两侧厢房，东套间和西套间前均为花园。

大门

木香巷 37 号民居

木香巷37号民居位于广陵区木香巷37号，清代民居，坐北朝南，分东、西两路建筑，建筑面积442平方米。东路建筑前后两进，第一进面阔四间、进深五檩，院大门开在偏西一间，磨砖门罩；第二进为明三暗四格局，进深七檩。屋后院落内有柴房两间，西向厨房三间。西路建筑前后三进，第一、二进为对合式四合院，第三进为三间两厢。

木香巷37号民居大门

南河下黄氏盐商住宅

南河下黄氏盐商住宅位于广陵区南河下64号，原房主为清代盐商黄彝久。建筑坐北朝南，以高墙为间隔分为东、西两路，占地面积1508平方米。西路存大门、仪门及二层住宅楼两幢。仪门为磨砖门楼；仪门后为二层木构小楼前后两进，均面阔三间、进深七檩。东路住宅前后三进，第一进面阔三间、进深五檩，大门为磨砖门楼；第二进为面南的二层楼，面阔三间、进深七檩；第三进面阔三间、进深七檩。

磨砖大门　　　　　　　　　西路住宅串楼

广陵路钱业会馆

钱业会馆位于广陵区广陵路345号,建于清末民初,坐北朝南,现存东、中、西三路建筑,建筑面积928平方米。中路建筑存西向磨砖仪门及厅房、住宅各一进,厅房面阔三间、进深七檩,梁柱硕大,前有卷棚;东路建筑前后两进,均为明三暗四格局,进深七檩;西路建筑前后三进,第一进为三间两厢二层楼房,第二进为三间两厢格局,进深七檩,第三进为厨房,面阔三间、进深五檩。

钱业会馆

小流芳巷徽州会馆

徽州会馆位于广陵区小流芳巷4号,清代建筑。会馆坐北朝南,现存门房、仪门及大厅等,占地面积340平方米。门房面阔三间、进深七檩,门房前原有高大门楼,上嵌"徽国文公祠"石额,已改。仪门为砖刻门楼,匾墙上开光如意纹内雕刻福、禄、寿三星图案,其下有春、夏、秋、冬四季图案。大厅面阔三间、进深七檩,前有卷棚,天井三面有抄手披廊。在小流芳巷北端嵌有石质"新安 恭善堂界碑"。

徽州会馆全景

徽州会馆大门

谢馥春旧址

谢馥春旧址位于广陵区东关街243号。谢馥春系清道光年间谢宏业开设,生产香粉、头油、棒香、香件,销往全国各地和东南亚一带,尤以香件闻名,1915年曾荣获巴拿马万博会银质奖章。1956年公私合营,谢馥春香粉铺改名为谢馥春香粉厂;1966年易名为谢馥春日用化工厂至今。现占地面积7000余平方米,西侧有小四合院;东侧有花厅一进,面阔三间,进深七檩,硬山顶。

谢馥春花厅

普照寺大殿

普照寺大殿位于广陵区运河南路57号,俗称太阳宫,原系道观,始建年代不详,清光绪初年道士道清重建,光绪帝赐普照禅寺匾额和青紫龙杖。普照寺原有山门、大雄宝殿、藏经楼及配房数十间。今仅存大雄宝殿,坐北朝南,面阔五间,进深七檩,前带副阶,硬山顶,现整体保存一般。

普照寺大殿

牛背井

牛背井位于广陵区牛背井巷西首、牛背井19号门前,系清代古井,占地面积6.2平方米。井栏青石质,腰鼓形,高38厘米,内口径43厘米,外口径60厘米,腹外径70厘米,上雕弧形线纹,有锁洞,口部绳槽较多。井壁为青砖圈砌,井深约5米。

牛背井

洒金桥

洒金桥位于广陵区南门外街北端、汶河路南首,明代建筑,清代重修。单孔砖石拱桥,东西走向,横跨于汶河南端(唐代官河)东、西两岸。桥底座基础为青石质,在近外侧有石槽,最初可能有水关设置,重修后废弃水关,成为进出城门瓮城的桥梁通道。从拱券上的铭文砖"咸丰二年二月六日修"来看,清代中晚期对其进行了大修。2005年南门遗址考古发掘并修复。

洒金桥

引市街 102-1 号古井

引市街 102-1 号古井位于广陵区引市街 102-1 号南侧,清代开凿,占地面积 9 平方米。鼓形青石质井栏,外径 78 厘米、内径 53 厘米、腹径 90 厘米、高 53 厘米。外壁雕刻麒麟、海龙王、游禽等四组图案,主体纹饰"V"字形间隔带内刻如意纹、缠枝花纹等纹饰。栏身有两个对穿的圆形锁孔,栏下置方形圆孔石质底座。井壁青砖圈砌,井深 5.8 米。

引市街 102-1 号古井

水碧泉古井

水碧泉古井位于广陵区广陵路 60 号院内。建于清嘉庆十六年(1811),青石井栏,直筒六角形,高 42 厘米,口径 61 厘米,三面刻隶体"水碧泉"三个大字,其余三面刻有行楷题跋,交代置井、命名缘由,末段有"嘉庆辛未石潭老人识"。井身直径 65 厘米,深 5.9 米,用青砖平砌,保存完好。

井栏题跋

水碧泉古井

湾头镇陈氏住宅

湾头镇陈氏住宅位于广陵区湾头镇西街中部南侧，民国时期江都县县长张济传女婿陈玉龙所建。住宅坐北朝南，对合二进，上下两层串楼，砖木结构，建筑面积402平方米。两进墙体均为条砖勾缝，小瓦屋面，硬山顶，槅扇、槛窗、木雕栏杆、磨砖裙边等均存，整座建筑结构完好。

陈氏住宅外景

大樊家巷倪氏住宅

大樊家巷倪氏住宅位于广陵区大樊家巷1号，建于民国十五年（1926）。原房主倪月卿曾在教场酱业统一工会任职。宅坐北朝南，以火巷为界，分东、西两组，占地面积388平方米。大门北向，八字形磨砖门楼。东组建筑前后两进，前为厨房及书房，后为三间两厢住宅。西组建筑前后两进，第一进面阔三间，第二进三间两厢。房屋西侧巷内有六角水井一口。整体保存较好，明间槅扇及厢房支摘窗、槛墙保存较为完整，天井为席纹铺地，古朴典雅。

倪氏住宅内景

倪氏住宅大门

同松参号药店旧址

同松参号药店旧址位于广陵区广陵路352号大院内。始建于清道光十六年（1836），是教场大街李松寿药号的分店，因专售参、燕、丸、散，故名同松参号，全称为"协记同松参号"。民国五年（1916），绅士马士杰购置后重新装修；1935年又过给时任扬州怡生钱庄经理的潘颂平，1956年改为公私合营，现为大德生医药连锁店所有。现存建筑坐北朝南，上下两层楼房前后两进，建筑面积446平方米。南进面阔三间，一层墙体青砖勾缝、二层为三斗一卧空心墙，小瓦屋面，歇山顶。北进面阔三间，建筑装修与南进相似。

同松参号药店旧址

安墩巷俞氏店铺

安墩巷俞氏店铺位于广陵区南门外大街安墩巷2-1号，建于民国时期，原为俞氏开设之布店，中华人民共和国成立后曾为中百一店分店。店铺坐西朝东临街而建，前后两进，上下两层串楼，建筑面积530余平方米。东进面阔四间，楼下为店面，楼上为住宅；西楼面阔四间，进深七檩，北侧有二层披厢。两进均为硬山顶，小瓦屋面，青砖错缝墙，南山墙及中间廊墙上有高大的马头墙。

安墩巷俞氏店铺

朱良钧烈士故居

朱良钧烈士故居位于广陵区十巷16号。朱良钧（1910—1926），1926年北平"三·一八"惨案殉难烈士。原籍扬州，自幼随父去北平就读。1926年在天安门前参加反帝示威游行，与刘和珍等烈士同时牺牲。1928年棺柩被运回扬州安葬。故居为晚清建筑，占地面积340平方米，坐北朝南，大门朝南，主房前后三进，系扬州传统建筑。

朱良钧烈士故居大门

王少堂故居

王少堂故居位于广陵区三多巷10号。王少堂（1889—1968），扬州人，著名扬州评话表演艺术家，中国曲艺工作者协会副主席，第三届全国人大代表。他演说的"武十回"和"宋十回"，已被整理成《武松》《宋江》二书出版。故居系清代传统四合院民居，占地面积240平方米。正宅为三间两厢一对照，正屋面阔三间，进深七檩，硬山顶。

王少堂故居大门

风箱巷官井

风箱巷官井位于广陵区风箱巷南侧、风箱巷6号蔚圃门前。井栏为青石构造，腰鼓形，轻微风化，口部微残，上口内径35厘米，外径56厘米，腹径64厘米，高37厘米。南北两侧有锁洞，面西腹部刻有"民国二十年 风箱巷官井"。井壁为青砖叠砌，井深约5米。井南墙壁上嵌乾隆年间石碑刻两块，惜字迹模糊，风化较严重。

风箱巷官井

湾头镇壁虎石雕

湾头镇壁虎石雕

湾头镇壁虎石雕位于广陵区湾头镇壁虎坝村古北街北端运河边，置于明代，青石质，尺寸大小为1米×0.55米。明万历年间，扬州连续多年在6~9月阴雨连绵，昼夜不止，江湖泛涨，灾情严重。为祈祷江湖安澜，百姓安居乐业，人们置石雕壁虎一对于湾头古街北端河边，形成淮扬运河"九牛二虎一只鸡"镇水之宝物。因年代久远，两只壁虎石雕现仅存一只，且头部、右爪及尾部毁坏。

朱秀清烈士墓

朱秀清烈士墓位于广陵区李典镇李典村吴桥北。朱秀清（1917—1948），又名张政文，江都县市荡乡孙家庄人。1942年加入中国共产党，先后任新坝乡中共支部书记、中共北洲区委书记、江镇办事处民政科员、江都河南地区武工队指导员。1948年春，任江镇武工队队长，同年9月13日在执行任务时，因叛徒告密，遭敌人包围而英勇献身。墓占地面积720平方米，由墓冢、墓碑、凭吊广场、甬道、绿化等组成。墓冢高1.8米，直径8.4米，冢前立"朱秀清烈士之墓"墓碑。

朱秀清烈士墓

邗江区

帽儿墩汉墓

帽儿墩汉墓位于邗江区扬子江北路与朱塘路交会处东北角，汉代墓葬，占地面积3000余平方米。封土堆高10.5米，底部为一方形台地，边长50～60米，高1.8米；上部封土堆底径16米，高8.7米。该墓葬封土形制保存较为完整。

帽儿墩汉墓近景

帽儿墩汉墓全景

金鼓墩汉墓

金鼓墩汉墓位于邗江区西湖镇金槐村金槐小区北侧、西北绕城公路南侧，西汉墓葬，占地面积2800余平方米。封土堆呈覆斗形，底边长42.4米，现存高度8米。在封土堆西侧有一个较大的水塘，可能是当时夯筑封土堆取土所致。由于长年的水土流失及生产活动，封土堆损坏较严重。2008年10月，墓葬遭盗掘，现场遗留汉代漆器残件。

金鼓墩汉墓近景

金鼓墩汉墓远景

麻油墩汉墓

麻油墩汉墓位于邗江区西湖镇经圩村蒋巷组西侧，俗称"麻油墩"，西汉时期墓葬。墓葬占地面积1225平方米，封土堆呈覆斗状，底边长35米，现存高度6米。其西侧有一水塘，可能是夯筑封土堆取土时形成。由于水土流失及生产活动，封土堆局部坍塌。2008年4月，该墓遭盗掘，现场遗留有西汉时期的漆器、釉陶器等残片。

麻油墩汉墓近景

麻油墩汉墓远景

小墩汉墓

小墩汉墓位于邗江区杨寿镇宝女村宝女墩汉墓东北500米处，汉代墓葬。封土直径30米，高度3米，夯层厚0.2~0.3米，保存较好。封土中有少量碎砖、瓦残片。1986年在其东北侧发现小型土坑木椁墓2座，长2.7米，宽1.9米，为一棺室一侧厢，出土釉陶壶、瓿、罐等。

小墩汉墓近景

小墩汉墓远景

双墩汉墓

双墩汉墓位于邗江区新盛街道双墩村双墩公墓北侧,占地面积1200平方米,为两座封土底部相连的墓,封土直径分别为20~30米,存高约6米,夯土层0.2~0.3米,保存尚好。封土墩周边曾有土坑墓发现,并出土釉陶壶、瓿、罐等。

双墩汉墓近景

焦循墓

焦循墓位于邗江区方巷镇联合村焦庄。焦循(1763—1820),字里堂,江苏甘泉(今邗江)人,清哲学家、戏曲理论家,"扬州学派"杰出的代表人物之一。有《雕菰集》《花部农谭》《扬州图经》等著作行世。焦循墓占地面积318平方米,由墓冢、墓碑、石栏杆及绿化道路组成,该墓1966年遭破坏,1998年修复并立碑建石,李亚如题写碑名,李廷先撰碑记。

焦循墓全景

大王庙大殿

大王庙大殿位于邗江区城北乡黄金村,黄金坝桥东北侧大王庙广场内,为宝轮寺大殿遗构。殿坐北朝南,面阔五间,进深九檩,建筑面积286.44平方米。大王庙俗称财神庙,主祀吴王夫差,配祀汉初吴王刘濞,始建年代不详。2006年建大王庙广场,移南门外宝轮寺大殿建筑构架于此复建而成。宝轮寺大殿建于清同治、光绪年间。

大王庙大殿

瓜洲孙氏住宅

瓜洲孙氏住宅位于邗江区瓜洲镇江口街中段,建于清晚期,民国增修。原房主孙氏曾从事旱烟、货栈、酱园等行业。孙氏宅占地面积2300平方米,坐西朝东,以火巷为界分为北轴线与南轴线。北轴线为前后两进,明三暗四布局。大门开在第一进偏南第二间,砖刻门楼。南轴线为前后三进,均面阔三间。另在北轴线隔江口街的东侧还有面阔三间、进深五檩房屋一座。整个建筑群房屋架构布局完整,保存较为完好。

瓜洲孙氏住宅

高旻寺

高旻寺位于邗江区瓜洲镇三汊河西岸,清代建筑,占地面积14.7公顷。高旻寺之名为康熙四十二年清圣祖玄烨所赐。原大门在寺院东南角,东向临河而开,进门右折,寺内主要建筑为大殿五楹,殿后左右建御碑亭二座。再后为金佛殿,后院内为天中塔和藏经楼、念佛堂等建筑。以上建筑多数为同治到光绪初年建。目前只保存临古运河的东门,中轴线上坐北朝南四进,其余建筑均为20世纪90年代重建。清代遗物尚存碑2通。

高旻寺

吴惟华天中塔碑

吴惟华天中塔碑

吴惟华天中塔碑位于邗江区瓜洲镇高旻寺纪念堂前,清顺治乙未秋九月(1655)立。高旻寺内天中塔落成,捐资建塔者吴惟华立碑。吴惟华,顺天人,明末诸生,降清后封恭顺侯,官至户部右侍郎。碑方首抹角、方座,通高1.95米,宽0.95米,右下角略有残损。碑文《天中塔记》为吴惟华手写草书,竖排12行,满行25字。

王羲之心经碑

王羲之心经碑位于邗江区三汊河高旻寺内,清初集辑晋王羲之墨迹而成,原碑首、座已佚,碑身高0.86米,宽0.34米,中部折断。心经碑镌刻佛教《般若波罗蜜多心经》,竖排10行,共276字。上首有"晋右将军王羲之书",右下方刻"沭阳佛弟子珍赏"。有一葫芦形印戳,并刻有"邗上高旻寺珍藏"七字,七字之下有长方形印记,文为"旌德李良玉镌"。

王羲之心经碑拓片

乾隆诗碑

乾隆御诗碑位于邗江区瓜洲镇宝石工艺厂内。碑原置瓜洲镇实验小学(清吴园遗址内),青石质,卧式,碑宽2.2米,高0.98米,右上角缺损。行书,竖排14行,满行70字,并御印二方。乾隆二十八年(1763)弘历第三次南巡,途经瓜洲游私家园林吴园,感其景,赐名"锦春",并作《锦春园即景》一首。园主勒石建亭供奉,咸丰年间(1851—1861),园亭毁。此碑是研究乾隆南巡的重要物证之一。

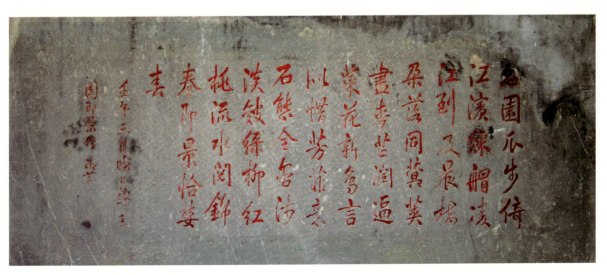

乾隆诗碑

朱良钧烈士墓

朱良钧烈士墓位于邗江区城北乡黄金村黄金坝路3-2幢楼西侧。朱良钧（1910—1926），原籍扬州，自幼随父去北平就读。1926年3月18日在天安门前参加示威游行，在段祺瑞执政府内遭镇压，与刘和珍等同时牺牲。1928年棺柩运回扬州安葬于此。墓占地面积20平方米，四周有砖砌围墙，东向开月洞门。墓冢筑于小平台上，台高0.8米，墓封土底径1.8米，高1米，前立青石质墓碑，高1.3米，宽0.56米，上刻隶书"三·一八朱烈士良钧墓"，上款"戊辰年仲冬"，下款"江邑乡人公立"。

朱良钧烈士墓

蜀冈-瘦西湖风景名胜区

徐园

徐园位于瘦西湖景区内，民国初在清代韩园与桃花坞故址上兴建，系军阀徐宝山的祀祠，占地面积约5000平方米。门南向，月洞形，上有石额，草书"徐园"二字。园中有荷池，周叠山石，东有小渠与湖水相通。池北有"听鹂馆""碑亭""春草池塘吟榭"。"听鹂馆"坐北朝南，面阔三间，进深五檩，歇山顶。"春草池塘吟榭"坐西朝东，面阔三间，进深五檩，歇山顶。"听鹂馆"前有萧梁时代（503—557）铁镬一对，偏东首有铁镬记石碑一通。池西北有曲廊通"疏峰馆"，临湖筑有水榭。

徐园大门

徐园听鹂馆

凫庄

凫庄位于瘦西湖景区内、五亭桥东南侧湖屿，建于民国十年（1921），原为乡绅陈臣朔的别墅。因在汀屿之上，似野鸭浮水，故名。凫庄由三组建筑和一个山亭组成，整个建筑环湖而置，东为"涵碧阁"水榭，坐东朝西，为卷棚顶，抬梁式结构。南为"芙蓉沜"水阁，西为"绿波馆"，中以曲尺形"春水廊"相连，山亭"撷秀阁"位于北侧土山上。凫庄建筑细巧玲珑，似浮若泗，不规则的荷花池位于庄中，环植梅、桃、竹，叠人高之湖石假山，缀置得宜。

凫庄

小金山

小金山位于瘦西湖景区内，原名长春岭，四面环水，与徐园隔水相望，占地面积2300平方米，现存建筑为清光绪年间复建。山顶筑有风亭，可鸟瞰瘦西湖全景。山腰有观音阁、寒竹风松亭；山南有小桂花厅、棋室等；东面沿水边筑有月观、琴室；西北临水有湖上草堂、绿荫馆等。

小金山

冶春

冶春位于扬州市丰乐下街12号御马头西河边,原为冶春花社故址。园南面临河,北依丘阜,占地面积2600平方米。大门东向,入门沿河筑"水绘阁",偏西有水榭两座,阁西有弧形长廊,接西面"香影廊"。园西原有庭院一组,有"餐英别墅"、"问月山房"等建筑,内设茶社,现已拆建为广场,园北增建了新楼。

冶春

大虹桥

大虹桥位于扬州市大虹桥路与柳湖路交会处,东西横跨瘦西湖上,始建于明崇祯年间,原系木桥,围以红栏,取名红桥。清乾隆元年(1736)改为单孔石拱桥,始称"虹桥"。乾隆十六年(1751)曾在桥上建亭,后亭倒塌。1972年扩建为三孔石拱桥。

大虹桥

迎恩桥

迎恩桥位于扬州市凤凰桥街中段，南北向横跨于漕河上。迎恩桥俗称"凤凰桥"，是五代、宋、元扬州城北门通衢上的桥梁，始建于五代或北宋。清雍正五年（1727），邑人陆时达重造。清中期，乾隆皇帝南巡时更名"迎恩桥"。迎恩桥现为一座砖石结构的单拱桥，南北向，桥下底部基础为石质，砖砌拱券，桥栏杆为砖砌，南北两侧有八字形摆手，栏上表为半圆形条石。

迎恩桥

藕香桥

藕香桥位于瘦西湖景区内法海寺东南侧，石拱桥，栏杆樘板上饰莲花图案，桥长29.1米，宽4.8米，矢高4.8米。原名法海桥，明嘉靖四年（1525）扬州卫指挥火晟重建，清乾隆以前为画舫到达平山堂的必经之地。1963年重修石阶，湖道遍植荷花，改名"藕香桥"。

藕香桥

廿四桥

廿四桥位于扬州市念泗路和扬子江路交接处，瘦西湖公园熙春台的西侧，清代建筑，占地面积47平方米。《扬州画舫录》中记载之廿四桥，即"吴家砖桥"，俗呼"念四桥"，一名红药桥，因唐杜牧有"二十四桥明月夜"诗句而闻名，明、清时系单孔砖拱桥，南北走向，长11.4米，桥宽4.2米，净跨5.62米，矢高3.6米。1985年拓宽公路时，桥上路面加宽，但原桥结构未动，现埋于路面下。

廿四桥

四桥烟雨楼

四桥烟雨楼位于瘦西湖景区内，始建于清乾隆年间，原为奉宸苑卿黄履暹别墅。乾隆六次南巡，曾四次幸临此处。乾隆二十七年（1762），弘历登楼南望春波桥，北眺长春桥，西览玉板桥、莲花桥，即以"四桥烟雨"赐名，御书"趣园"。光绪三年（1877）曾于此重建三贤祠，礼祀欧阳修、苏东坡、王士禛。1960年移建老城区建筑于旧址重建。楼坐东朝西，楼高二层，面阔三间，歇山重檐，四面廊，三面借景，楼前平台围以白矾石栏杆，东西两侧有石阶踏道。在其南侧立"趣园"残碑一方。

四桥烟雨楼

滩田堤坝遗址

滩田堤坝遗址位于扬州市平山乡槐子村。堤坝全长258米，高4.5米，上宽10米，下宽18米，夯筑，截面呈梯形。南北贯穿古雷塘，古槐泗河自南端穿过，缺口处原似有涵闸设施。1984年年初，当地筑路挖除北端约10米，内含遗物最晚为宋瓷碎片。这与《宋书·地理志》于扬州城北筑堤屯田的记载相符。

滩田堤坝遗址

蜀井

蜀井位于扬州市城北乡黄金村梅岭小学北校区内，始建于唐代，上面已建井亭，建筑面积16平方米。井为上方寺遗存，上方寺即唐禅智寺，一名竹西寺，唐张祜诗句"人生只合扬州死，禅智山光好墓田"即指此。井在寺后，亦名"第一泉"，井旁"第一泉"碑今已不存，井栏已佚，今补青石井栏。井深15米，用青砖平砌。

蜀井

城隍庙

堡城城隍庙位于扬州市平山乡堡城村十字街东北侧,清代建筑,占地面积250平方米。其地历史上为唐代衙署所在。城隍庙系清光绪年间(1875—1908)重建,现仅存大殿,坐北朝南,单檐硬山顶,面阔五间,进深九檩,硬山顶。

城隍庙

观音山禅寺

　　观音山禅寺位于扬州市平山堂东路18号。又称功德山。寺坐北朝南,依山而建,建筑高低错落,占地面积约1.1万平方米,建筑面积3115平方米。有山门殿、韦陀殿、大殿、藏经楼及两厢廊房等,均为晚清重建。大殿面阔五间,进深九檩,高13.7米,重檐歇山顶,殿前有廊环抱,两侧有"锡福堂"和"客堂"。寺西有紫竹林及小庭园,建有5楹带抱厦之佛堂。东有"鉴楼",相传为隋"迷楼"故址。楼后有"天池"。

观音山禅寺

铁佛寺

铁佛寺位于扬州市城北乡卜杨村佘田组，汉墓博物馆东南侧，古邗沟北岸，建于清代，建筑面积250平方米。相传本为五代杨行密故居，后主人舍宅为寺，宋建隆年间（960—963），寺铸铁佛，更今名。清咸丰三年毁，同治年间重修未复旧观。现仅存后殿三间，东部僧房五间，占地面积约200平方米。后殿面阔三间，进深九檩，硬山顶。殿东壁嵌胡有清同治年间《广参和尚行迹》碑一通，2008年遗失。

铁佛寺

汪中墓

汪中墓位于扬州市城北乡佳家花园小区内，清代修建，占地面积为23平方米。汪中（1745—1794），原名秉中，字容甫，江都（今扬州）人，清哲学家、文学家、史学家。一生从事学术研究，在汉学上被誉为"通儒"，"扬州学派"杰出代表人物之一，著有《广陵通典》《述学》内外篇等。1984年修复墓前砖铺神道、粉墙黛瓦牌坊，刻立墓碑。牌坊上嵌"汪中墓"石额。后为墓台，台上墓冢高约2米，墓碑隶书"大清儒林汪君之墓"八字，为清书法家伊秉绶所书，墓区植有松柏。

汪中墓

莲溪墓

莲溪墓位于位于扬州市平山堂路8号大明寺内。莲溪（？—1884），即真然和尚，晚清画家，兴化人，长住扬州。因曾住黄山，号黄山樵子，擅长山水人物、花鸟兰竹。光绪十年（1884）卒葬于此。墓占地面积2.88平方米，封土已坍，冢前原有青石墓碑，上刻隶书"清故莲公墓"，下款刻"光绪甲申葬"。现为白矾石质墓塔一座，平面为六角形，分层雕花纹饰，面南刻"莲溪大和尚之墓"。

莲溪墓

熊成基墓

熊成基墓位于扬州市平山堂路8号大明寺内。熊成基（1887—1910），名承基，字味根，江苏甘泉（扬州）人。曾参加光复会，1908年组织安庆起义失败，流亡日本，加入同盟会，宣统二年（1910）在哈尔滨谋刺海军大臣载洵未成，因奸人告密被捕，在吉林就义。民国元年（1912）同盟会员葬其遗体于此。墓在大明寺东园松林中，三面有土筑罗墙，封土底径2.8米，高1.1米。前立墓碑，青石质，高1.05米，宽0.4米。楷书"味根熊公墓"。1987年修葺，改为水泥墓冢，重立墓碑，隶书"熊成基烈士之墓"。

熊成基墓

扬州革命烈士陵园

扬州革命烈士陵园位于扬州市平山堂东路16号。陵园始建于1954年，现占地面积4万余平方米。山麓建有石牌坊一座，冈上正中建有革命烈士纪念碑一座。园内建有碑林、烈士墓、烈士纪念馆等纪念性建筑物。烈士纪念馆钢混结构，平面呈"回"字形，建筑面积1200余平方米，馆内陈列着自第一次国内革命战争以来革命烈士的照片、遗物等文物和史料。

扬州革命烈士陵园

王少堂墓

王少堂墓位于扬州市长春路北侧傍花村天沐温泉内。墓葬原位于园林村，后迁址于此。墓前立雕像、石碑。王少堂雕像为左手执纸扇、右手执止语（俗称惊堂木）、正在台前表演的半身像，形象生动、线条流畅，活灵活现地表现出了他当年说书时的神态。

王少堂雕像

市经济技术开发区

龙衣庵

龙衣庵位于扬州市经济技术开发区裴庄村南首，古运河向南折的新河湾西岸，隔古运河与文峰塔遥遥相望。旧本草庵，相传因清康熙帝南巡遇雨，淋湿龙袍，靠岸停船，于此晾衣而得名。乾隆三十二年（1767）重修。咸丰年间荒废，光绪年间重建。原有山门殿、大殿及配房16间，现存建筑前后二进，坐北朝南，占地面积约400平方米，后进殿房硬山造，面阔五间，进深七檩。殿前两侧为廊房。殿后有古银杏两株。

龙衣庵

江都区

章台旅社

章台旅社位于江都区仙女镇龙川街130号，建于清末民初，为昔日仙女镇最有名的旅社，亦是地方学士名流聚会处。旅社坐北朝南，前后两进，占地面积239平方米。前进门厅，三开间平房，临街水磨砖墙嵌"章台"石门额；入内天井东西有二层楼厢房；后进砖木结构三层楼，通柱到顶，内挂"半间楼"匾额。

章台旅社

清真寺大殿

清真寺大殿位于江都区邵伯镇礼拜寺巷3号，系清咸丰年间山东回民所建，占地面积120平方米，建筑面积80平方米。原门楼、廊棚、廊房等已毁，现仅存大殿，面阔三间，进深七檩，硬山顶厅堂建筑。山墙有砖博风，脊檩下托一斗三升栱，柱下古镜式础上，置叠雕花纹的六角形石础。

清真寺大殿

于氏姊妹楼

于氏姊妹楼位于江都区郭村镇塘头村，原为于齐庆宅、俗称于氏姊妹楼。于齐庆，光绪十二年（1886）进士，官知府、翰林。建筑坐北朝南，前后两进，占地面积400平方米。两楼造型相同，均为砖木结构，面阔三间，进深七檩，青砖黛瓦，内部明间梁架结构略有变化。楼前原有花园，现已毁。亦为新四军苏北指挥部（江都县民主政府）旧址，1940年7月郭村保卫战胜利后，新四军苏北指挥部于此成立。

于氏姊妹楼

于氏楼正面

三娘井

三娘井井栏

三娘井位于江都区郭村镇邵州村三娘组的西首，明代水井。相传，井为五代后汉皇帝刘知远之妻李三娘捐资开凿。现井为明初开凿，清乾隆年间修葺。井栏为五代遗物，花岗岩质，外方内圆，上边长43厘米，下边长54厘米，内径34厘米。井身砖砌砌法二顺一丁；井身上小下大，深约7米。附近存1930年立碑1通，碑文详记该井凿修经过。

费密故居

费密故居位于江都区丁沟镇野田村，建于清代，建筑面积168平方米。费密（1623—1699），四川新繁人，明清之际学者，因组织武装对抗张献忠失败而流寓江都。宅原有建筑三进，现存前两进，分别为三间两厢和四间两厢平房，硬山顶，青砖小瓦，扁砖墙体，全部板式门窗。

费密故居主屋

圣容寺大殿

圣容寺大殿位于江都区嘶马圣容村南 200 米，临江而建，清代建筑，占地面积 350 平方米。圣容寺始建于宋代，现存大殿为清代重建。大殿坐北朝南，面阔三间，进深九檩，脊檩高 7.6 米，庑殿顶，周以回廊。梁架明构，屋面南坡铺筒瓦，余皆铺小瓦。殿前古井一口，八角形井栏，百年银杏两株。

圣容寺大殿

侍卫府

侍卫府位于江都区浦头镇进士街 68 号，清代建筑。原主人张声，生卒年不详，雍正五年（1727）武进士、官侍卫，故称侍卫府。府邸原有门厅、照厅、客厅、堂屋、后楼、藏书阁等，现仅存客厅、堂屋两进。客厅面阔三间，进深七檩，硬山顶，明间梁檩原有彩画和包铜装饰，柱下用木楯；堂屋面阔三间，进深七檩，小瓦屋面，硬山顶，梁架结构未改。

侍卫府门楼

关帝庙大殿

关帝庙大殿位于江都区大桥镇牌柚街63号。始建于宋，原为魏王生祠，后几经重建，现存大殿为清代所建，改为关帝庙。大殿建筑面积110平方米，坐北朝南，面阔三间，进深七檩，脊檩高6.3米，硬山顶，小瓦屋面，青砖墙体。部分梁架用楠木，柱头装梁垫，柱下方形石础垫木櫍，南檐有廊轩。

关帝庙大殿

广福庵

广福庵位于江都区浦头镇韩桥村韩家庄村部。康熙四十四年（1705）建，光绪中叶重修。庵坐北朝南，占地面积560平方米。现存前、后殿，均为七檩五开间硬山顶建筑。后殿杉木梁架，面阔五间，进深七檩。柱下方形石础垫有木櫍。殿内有光绪年间《重修广福庵碑》和光绪三十二年（1906）泰州铸铁钟一口，庵前有银杏一株。

广福庵全景

童氏住宅

童氏住宅位于江都区大桥镇昌西村童家河 11 号，宅主童彭年（1886—1955）、童永年（1890—1952）昆仲为书画名家。宅为清代晚期建筑，现存客厅、堂屋两进，西廊房三间，占地面积 192 平方米。正房南北檐均有板式屏门。

童氏住宅

史宅厅房

史宅厅房位于江都区大桥镇善玉村八组 5 号，据《史氏家谱》记载，宅建于明代。厅房建筑面积 80 平方米，坐北朝南，面阔三间，进深七檩，硬山顶，小瓦屋面。明间部分构架系楠木。

史氏厅房

罗君生祠记碑

罗君生祠记碑

罗君生祠记碑位于江都区邵伯镇邵伯中学校园内，原碑北宋元丰年间立，记江都令罗适为官利民善政，民置生祠祀之事，北宋著名词人秦观（字少游）撰文，后遭毁。现碑为嘉靖年间（1522—1566）重刻，青石质，方首抹角，下配须弥座，座高0.55米，宽1.15米。碑身高1.76米，宽0.81米，厚0.21米，篆额，楷书碑文525字。碑现立于原生祠址处。

张声墓碑

张声墓碑位于江都区浦头镇王庄村王家庄东，立于清代。张声，雍正丁未（1727）武进士、官侍卫、赠怀远将军。墓建于清乾隆九年（1744），为张声及妻妾合葬墓。1958年平整土地时封土被夷平，椁内并列5棺。现存残碑一方，刻有"赠怀远将军张公讳声、封淑人元配朱氏之墓，淑人殷氏祔左、恭人唐氏祔右，岁次甲子（即乾隆九年）吉日"等字。

张声墓碑

观音庵

观音庵位于江都区仙女镇龙川街193号，清乾隆二十六年（1761）始建，民国七年（1918）扩建。建筑坐南朝北，占地约480平方米，东西两轴。东轴线有两开间平房三进。西轴线第一、二两进系两开间楼屋，门头嵌庵名石额；第三进大殿面阔三间，进深九檩，硬山顶，北侧置廊轩，直棂窗、槅扇门。

观音庵北边正门

观音庵内景

捐修码头记事碑

捐修码头记事碑位于江都区仙女镇图书馆院内。碑原存于徽州会馆内，清代乾隆二十年（1755）立。碑青石质，方首抹角，方座，通高2.16米，宽0.72米，碑文20行，满行54字，楷书。碑文刻记乾隆十一年修码头捐资人姓名300余位以及乾隆二十年因地基和地痞诉讼获胜一事。

捐修码头记事碑

东岳庙石狮子

东岳庙石狮位于江都区江都镇公园路40号仙女公园东大门，系明代遗存。原立于宜陵镇东岳庙门前，庙毁后被推至河中，1985年迁至现址。现存石狮一对，大理石质，长0.86米，宽0.59米，高1.85米，雕刻精美。狮身直立，有明代艺术风格。

东岳庙石狮

汪氏住宅

汪氏住宅位于江都区邵伯镇南大街86号，建于明代晚期。房屋坐东朝西，建筑面积156平方米。现存大厅、住宅各一进，均面阔三间，进深七檩。大厅梁、檩、柱用材硕大，柱下置木櫍，覆盆式石础。

第二进建筑正面

范氏住宅

范氏住宅位于江都区邵伯镇北大街40-1号，清代建筑。房屋坐东朝西，建筑面积144平方米。现存照厅、大厅、厢房、水磨砖雕门楼。照厅面阔三间，进深五檩。大厅面阔三间，进深七檩，雕花梁垫，梁头木雕鱼头纹状；檩下置丁头栱、雕花雀替；前置船蓬式廊轩。

范氏住宅梁架结构

水磨砖雕门楼

张氏住宅

张氏住宅位于江都区邵伯镇南大街82-1号，建于清初。房屋坐东朝西，建筑面积144平方米。现存门厅、住宅两进。门厅面阔三间，进深五檩，前置轩廊。住宅面阔三间，进深七檩，梁柱用材硕大，梁头及檩下有丁头栱、木雕雀替；前置船篷轩廊，轩梁头雕刻瑞兽纹；柱下置扁圆体木櫍、浅覆盆石础。

张氏住宅外景

济氏住宅

济氏住宅位于江都区邵伯镇南大街109号，清代建筑。房屋坐西朝东，建筑面积166平方米。现存照壁、砖雕门楼、照厅、大厅。大厅面阔三间，进深七檩，梁架用材硕大，檩下有丁头拱、木雕雀替，柱下置扁圆体木櫍。照厅结构独特，前为临街门面房，以中柱砌隔墙；后部上为草架，下设轩廊与大厅相对。

轩廊梁架

彰墅庙

彰墅庙位于江都区丁伙镇彰墅村中心组，始建于明代后期，清道光十五年（1835）扩建。现存建筑坐北朝南，前后三进，建筑面积250平方米。第一进清构山门殿面阔三间，门前一对五蝠纹鼓形门枕石，门楣上嵌"彰墅庙"石额，硬山顶。第二进为明代始建时的殿宇，歇山顶，面阔三间，进深九檩，柱下用两层木櫍；东、西墙面有"十殿阎王图"壁画，面积20多平方米。后进清构，面阔五间，进深九檩，硬山顶。

彰墅庙内部梁架

彰墅庙十殿阎罗壁画

华氏宗祠

华氏宗祠位于江都区邵伯镇昭关中心路145号对面，建于清乾隆九年（1744）。现存建筑一进，坐北朝南，面阔三间，进深七檩，高5.2米，硬山顶。房前有古银杏一株。保存乾隆甲子仲春穀旦立"华氏宗祠"石门额和光绪二年三月立《旌表孝子华传福坊》石刻建。

大门外景

华氏宗祠内部建筑

袁氏住宅

袁氏住宅位于江都区大桥镇塌扒街48号，清代建筑。住宅坐西朝东，前后四进，建筑面积300平方米。第一进为门面房，与第二进相连。第三进为大厅，面阔三间，进深七檩。第四进为两层楼房，天井东西两侧厢房。宅后有小花园。

袁氏住宅天井

袁氏住宅正门

王氏住宅

王氏住宅位于江都区仙女镇人民北路66、68、70、72、74、76号，清代建筑。宅主王钧甫（王景琦之父），光绪初曾督办浙江海塘工程，领知府衔。现存东、西两条轴线。东轴线对厅、大厅、前后暖房及藏书楼前后五进，均面阔三间，山墙高耸，马头墙错落有致，各进之间都有水磨砖砌腰门，雕花槅扇门前后贯通；大厅面阔三间，进深九檩，抬梁结构，南北置廊轩。西轴线前后三进，两进花厅，一进书房，另有花房三间、马房二间、小书房一间。

王氏住宅西外墙

住宅东厢房

王景琦故居

王景琦故居位于江都区仙女镇龙川街麻油巷5、6号,沿河街59-1号。王景琦(1878—1960),字容庵,号蓉湘,江都仙女庙人,清末举人,著名书法家,扬州大明寺"重修平山堂碑记"碑文及"冶春园"园名为其所书。宅建于清末,砌有水磨砖雕门楼。前后四进,东西各三开间相连,占地面积约860平方米。第一、第四进为楼屋,第二、第三两进分别为厅房、堂屋。

第四进东二楼

束星北故居

束星北故居位于江都区大桥镇繁荣街117号,民国建筑。束星北(1907—1983),名传保,祖籍江苏江都。物理学家,1927年被世界著名物理学家爱因斯坦选为研究助手,1945年研制成我国第一部雷达,曾担任中国海洋学会副理事长。20世纪初束星北随母亲郭氏寓居大桥镇,1916年10岁时入镇小学读书。其所居房屋建于清末,现存四进硬山顶建筑,西侧有三间杂用房,占地面积约580平方米,门窗全部为槅扇式。

束星北故居

刘氏住宅

刘氏住宅位于江都区大桥镇繁荣街13号，民国建筑。原主人刘厚，民国时期民族工商业家，曾参与中国最早的铁路建设。建筑坐北朝南，前后八进，有房屋60余间，占地面积约2500平方米。整组建筑料精工细，规模较大，由当时大桥镇最有名的彭氏营造厂建造。该建筑亦为新四军挺进纵队二三支队司令部旧址，1940年新四军渡江北上开辟苏北抗日根据地，新四军挺进纵队二三支队司令部曾驻于此。

砖雕门楼外景

住宅内景

"敕赐慈云寺"石额

"敕赐慈云寺"石额位于江都区宜陵镇西湖村慈云寺山门牌楼上，清康熙御制石额，长1.45米，宽0.44米，厚0.21米。花岗岩质地，刻楷书"敕赐慈云寺"五个大字，正中上方刻阳文印一方，印文篆书："康熙御笔之宝"。慈云寺内另存边饰龙纹的石匾额三方，两方横长1.45米，浮雕三条四爪龙；另一方竖高0.84米，浮雕二龙戏珠及云龙纹。

敕赐慈云寺山门牌楼

水陆寺碑刻

水陆寺碑刻位于江都区樊川镇延寿村直属四组。寺圮碑存，碑青石质，高1.38米，宽0.76米。乾隆五十年（1785）立，扬州府儒学教授金兆燕撰文。碑文楷书19行（正文13行），满行41字，记叙康熙、乾隆年间重修水陆寺的经过以及庙产数量。原址尚存嘉庆十七年（1812）、同治四年（1865）及民国十二年（1923）立碑各一通。此外存清代龙纹刻石一块，墓塔石构件五块，小石狮一只，"古水陆寺"匾额一方。

水陆寺碑刻全景　　　　水陆寺碑刻碑文

江北运河复堤碑记碑

江北运河复堤记碑位于江都区邵伯镇运河西堤六闸处。碑青石质，方首，方座，通高2.0米，宽0.86米，楷书1360个字，记1931年8月大水灾情概况及运河大堤高邮至江都段堵口、复堤工程情况。仪征陈延韡撰文并书，1933年4月淮扬士绅公立，江都王纯泉镌石。

江北运河复堤碑记碑全景　　　　江北运河复堤碑记碑碑文

石羊石马

　　石羊石马位于江都区仙女镇仙女公园内西侧，系清初邵伯徐氏家族墓神道兽，1985年迁至现址。马、羊各一对，青石雕成，石工考究，神态安详。马立姿，雕有鞍座，长2.35米、宽0.54米、高1.70米；羊卧姿，长1.64米、宽0.63米、高1.25米。

石羊全景

石马全景

中州会馆石狮

　　中州会馆石狮位于江都区邵伯镇甘棠路67号邵伯中心小学门前南侧。现存石狮一对，火成岩质，狮身为立式，长1.48米，宽0.8米，高1.8米。配有雕刻动植物图案的须弥座。原为运河畔中州会馆门前之物，民国年间移至现址。

中州会馆石狮

邵伯保卫战遗址

邵伯保卫战遗址位于江都区邵伯保卫战烈士陵园内。1946年8月23日至26日，新四军华中野战军十纵和苏中二分区部队与国民党整编25师激战四昼夜，获邵伯保卫战全胜，史称苏中七战七捷第六捷。旧址原为西寺大王庙，占地面积153平方米，现存大殿、后殿等建筑，现内设保卫战历史陈列，室外有六棱柱形纪念碑和烈士墓。另有"公路洋桥"一处战场遗址。

邵伯保卫战烈士陵园

杨庄革命烈士墓园

杨庄革命烈士墓园位于江都区真武镇杨庄社区，始建于1945年，重建于1981年，系为纪念江都独立团与伪军作战及新四军解放邵伯牺牲烈士。墓园占地面积1500平方米，由纪念碑、烈士墓组成，烈士墓墓冢底径3.8米，高1.6米。墓后墙壁嵌有杨庄民众1945年2月立"杨庄战斗烈士纪念塔"等碑五方，分别刻战斗经过和烈士英名。

杨庄烈士墓园纪念碑

武坚革命烈士墓园

　　武坚革命烈士墓园位于江都区武坚镇联丰村苗圃场北侧，占地面积约7000平方米。为纪念抗日战争和解放战争期间在江都纪北区历次战斗中牺牲的烈士，于1969年将战争年代所砌多座烈士墓迁并建成。正中建有纪念碑，碑身方柱体，高约11米，砖混结构，上刻"革命烈士永垂不朽"。碑北建有悼念堂，面阔五间，进深七檩，硬山顶。

武坚革命烈士墓园

三江营战斗烈士墓

　　三江营革命烈士墓位于江都区大桥镇河口村长江边。为纪念渡江战役前哨战——解放三江营战斗牺牲烈士，1949年4月于中闸乡方荡村建三江营烈士墓，1982年迁建现址。墓地面积约3000平方米，纪念碑碑高13米，碑身上刻"三江营革命烈士永垂不朽"，碑座上刻"新四军渡江北上抗日第一站"，碑下安葬着中国人民解放军原二十军一七九团在渡江战役中英勇牺牲的48名烈士。另建有革命烈士花名册纪念碑和纪念馆等。

三江营革命烈士纪念碑

许晓轩故居

　　许晓轩故居位于江都区仙女镇解放路北侧一人巷 3 号，民国建筑。许晓轩（1916—1949），生前任中共重庆市中区区委委员，1940 年被捕，是"白公馆"狱中中国共产党的秘密组织负责人，1949 年牺牲，是长篇小说《红岩》中许云峰人物形象的主要生活原型。故居现存门厅、客厅、住房三进，均为三开间平房，占地面积 196 平方米。烈士青少年时代在此生活。

许晓轩故居外景

浦头镇张氏住宅

　　浦头镇张氏住宅位于江都区浦头镇 27、32 号，民国建筑，宅主张寿山。建筑坐北朝南，前后五进，建筑面积 1600 平方米。32 号前后五进，第一进面阔五间，青砖小瓦，西边三间进深七檩，东边两间为门房和轿厅。第二进厅房面阔三间，进深五檩，东为过道。第三进到第五进均为青砖小瓦，面阔三间，进深七檩，东为过道、套房。27 号建筑结构与 32 号相似。

　　　客厅外景　　　　　　　砖雕门楼

大桥镇宝源钱庄

　　大桥镇宝源钱庄位于江都区大桥镇繁荣街64号至101号，清末民初建筑，建筑面积500平方米。宝源钱庄系杨氏创立，经营汇兑和存放业务。建筑坐北朝南，前后七进，均面阔三间，硬山顶，小瓦屋面。第二进为两层砖木楼。第三进为大厅，进深七檩，前置卷棚廊轩，卷棚上有木雕。

宝源钱庄砖木楼内景

宝源钱庄砖木楼外景

邵伯镇粮库

　　邵伯镇粮库位于江都区邵伯镇北大街78号，为20世纪50年代根据苏联图纸建造。占地面积4000平方米，建筑面积2400平方米。粮库共三幢，砖木结构，每幢粮库内有木柱20根，"人"字形木梁架4套，木柱横梁之间皆用铁铆钉，有24个通风窗。另有粮墩4个，呈圆柱形，拱形砖顶，每个粮墩设有通风窗。

粮库粮囤

江苏油田真武真 6 井

江苏油田真武真 6 井位于江都区真武社区热水三站院内。1975 年 10 月，江苏油田第一口井真 6 井喜获工业油流，日自喷产油为 39 吨，至今仍在使用中。真 6 井的诞生为建立起我国南方陆上最大的石油工业基地——江苏油田揭开了新的篇章。

真 6 井全景

仪征市

赵墩遗址

赵墩遗址位于仪征市真州镇高桥村赵墩组，为一处商周聚落遗址，20 世纪 60 年代南京博物院曾在此考古发掘。遗址为圆形台地，历史上因周围村民建房及取土，现仅存一土墩，东西长 29 米，南北宽 20 米，占地面积约 580 平方米。土墩高 2.5 米，文化层厚约 1.8 米。剖面可见红烧土块和夹砂红陶片，器形以鼎、鬲、罐残片为主，属湖熟文化遗存。

赵墩遗址东侧

虎山遗址

虎山遗址位于仪征市新城镇西北2千米马坝村金二组，东距林果村村委会1200米，是仪征市一处重要的西周时期聚落遗址。遗址地处蜀岗南沿，平面为近似长方形的高台地，地势北高南低，坡势渐缓。遗址东侧为南北向的马坝河，南侧为东西向的沿山河，西侧为南北向的梅家沟河，三河相互贯通。遗址西北部因早年砖厂取土，已被严重破坏，仅余西南部长约200米、宽约40米、相对高度约3米的高台地，台地断面可发现明显西周时期文化层堆积。

虎山遗址顶部

虎山遗址局部

荷叶地遗址

荷叶地遗址位于仪征市真州镇先进村荷叶组，宁通公路以南、胥浦河西侧，北距赵墩遗址1500米，西南距甘草山遗址约2000米。遗址分布面积达1200平方米，文化层厚度约1.6米。2006年，扬州市文物考古研究所与仪征市博物馆对遗址进行联合试掘，发现了商周时期房屋基址、灰坑等遗址，出土了一批生产、生活用具，证实了该遗址是商周时期的一处小型聚落遗址。

荷叶地遗址出土陶鬲

荷叶地遗址发掘探方

马坝、林果窑址群

马坝白沙窑遗址位于仪征市新城镇马坝村金二组南侧，原沿山河北岸。窑址保存较好，平面呈马蹄形，长约9米、宽4.8米、残高约2.4米。遗址由操作坑、窑门、火膛、窑室、烟道等组成。在窑壁上发现了多块戳印有"白沙窑"铭文的青砖，火膛内也出土戳印有"白沙窑""迎銮"铭文的青砖及瓦片，而相同规格、铭文的青砖在扬州城遗址的发掘过程中也大量出现。

林果窑窑址

林果窑址位于仪征市新城镇林果村委会西南约400米处，南距沿山河90米，为唐代窑址，已发现的遗址分布面积约700平方米。2011年，考古工作人员对窑址进行了初步的抢救性考古发掘，已清理出唐代马蹄形砖瓦窑2处，灰坑1处。窑长约6米、宽3.5米，窑内出土了大量的唐代板瓦、青砖、瓷碗、瓷盏等文物。

白沙窑窑址

仪扬运河真州段故道遗址

仪扬运河真州段故道遗址位于仪征市城区东南，原入江口为今仪扬运河仪征船闸东250米处，流经新城镇冷红村大城组及红旗村光明组，再汇入仪扬运河。仪扬运河已有1600多年历史，据县志记载，古河道上建有河口闸、响水闸、通济闸、罗泗闸、拦潮闸五处水闸，现今保存较好的只有大城组以及光明组这段，长约700米，宽在5~20米不等。

仪扬运河真州段故道东园桥遗址

明清真州城城墙遗址

明清真州城城墙遗址包括海德花园内南城墙遗址和东门水门东城墙遗址。南城墙遗址位于仪征市真州镇奎楼社区工农南路18号海德花园小区内，经过考古发掘，遗存基础宽度约12米，残高1.6米，每层夯土厚度约20厘米，城基的南侧有沟槽，槽宽1.2米，槽内平铺长条石，为城墙外包砖的基础槽。东城墙遗址东门水门东城墙遗址位于东岳庙东南50米处，因发掘东门水门而发现，没有发掘。

明清真州城南城墙遗址

明清真州城西城墙遗址

八卦山明墓

八卦山明墓位于仪征市月塘乡魏井村友爱组的东南方向，处在农田中间，墓葬封土呈覆斗状，高约4.5米、直径9米，占地约60平方米。1987年发掘石灰浇浆墓一座，长宽各2.5米，内并置棺3口，男性墓主居中，棺头部题"明处士章龙祥之灵柩"，左为继配罗氏，右边棺不详。出土鎏金香薰、"天下太平"厌胜铜钱等。

八卦山明墓近景

周太谷墓

周太谷墓位于仪征市青山镇团结村衙门组，盛成西路与大河口路交会处以北175米处。周太谷（1762—1832），安徽池州石埭人，字星垣，号太谷，后人遂以"太谷"冠其学派名。周太谷墓占地面积约30平方米，墓冢直径约2米、高2.4米，表面覆有水泥砂浆，周围用青砖砌成"C"形围墙，墙外为农田。冢前立有墓碑一方。

周太谷墓

状元井

状元井位于仪征市真州镇商会街 7-1 号民居东侧，宋代古井。井栏为青石质，呈八角形，边长 18~22 厘米，通高 32 厘米。八个立面上雕刻有八组图案，其中被后人铲凿去四组，现残存四组半，画面高浮雕绘新科状元骑马游街的场面。人物的服饰与《宋史·舆服志》所记载的宋代服饰相同。井壁用青砖竖砌而成，井深约 10 米。状元井所雕画面是一幅不可多得的宋代风俗画，雕刻精美，人物刻画栩栩如生，堪称"真州第一井"。

状元井全景

纪年井

纪年井位于仪征市真州镇解放西路染坊巷 33 号门前，元代古井。井栏为青石质，呈圆形，上大下小，上口外径 53 厘米、内径 34 厘米，下口外径 59 厘米、内径 40 厘米，井栏高 45 厘米。井栏外壁有两行题记，直行楷书"元统二年岁次甲戌重阳后有四日命工开泉谨题"。

纪年井近景

河西街八角井

河西街八角井位于仪征市真州镇河西街 41-3 号居民住宅门前。井栏为青石质，不规则八角形，四个长边每边长 28 厘米，四个短边每边长 16 厘米，内径 42 厘米，井栏高 33 厘米，外壁有四幅变体的灵芝、牡丹、宝相花、海石榴图案，与明代建筑花格门的障水板花纹极为相似，雕刻精美，较为少见。井深约 5.5 米，砌法为小平砖竖向错缝砌。

河西街八角井

慧日泉

慧日泉位于仪征市真州镇天宁社区工农南路东侧，天宁寺塔以北70米处，清代古井。据《隆庆仪真县志》记载，原在天宁禅寺中。世传苏子瞻尝于寺中写经，名其泉为"慧日"。井栏质地为石灰岩，平面为不规则八角形，四个长边每边长27厘米，四个短边每边长20厘米，中间泉孔径33厘米，井栏高33厘米，南侧有隶书题字"古慧日泉"和楷书题字"仪征县知事李清谨志，光绪戊子年（1888）嘉平月王志义镌"。

慧日泉

文状元桥

文状元桥位于仪征市真州镇前进东路仪征实验中学校园内东北侧、泮池东南，为清代学宫建筑。清道光《重修仪征县志》记载："状元桥，在泮池东西各有一，乾隆三十六年（1771）通学捐修。"东侧文状元桥因雍正癸丑文状元陈倓而建；西侧武状元桥因康熙丙戌科武状元杨谦而建，已毁。文状元桥东西走向，为砖石结构单拱桥，桥通长12米、宽4.4米。桥基为青砖砌筑而成，桥面、桥拱用花岗石砌筑。桥两端各有一对石鼓，两侧桥栏上均雕刻有花卉纹，望柱顶部均刻有莲花纹饰。

文状元桥

两淮盐务总栈旧址

两淮盐务总栈旧址位于仪征市十二圩街道办事处扬子学校校址内，为清代十二圩两淮盐务总栈旧址，始建于清同治十二年（1873），撤销于1930年。两淮盐务总栈是清代盐业管理派出机构，负责淮南、淮北盐斤的集散。旧址占地面积约14400平方米，仅存总栈门楼及码头各一座。门楼坐北朝南，南临通江盐河，面阔五间，进深七檩，硬山顶。门楼前设置廊轩，两根圆形廊柱，花岗石柱础，雕花雀替、斗栱保存完好。门楼南侧20米处有一青石板砌筑码头，现存16级台阶，长8米，宽3.3米。

两淮盐务总栈旧址门厅

三官庙

三官庙位于仪征市新城镇三官村庙东组，是道教寺庙。三官庙年代久远，历经沧桑，有史记载曾多次大修，现存建筑前后两进，东西两厢回廊，占地面积605平方米。前大殿供奉"四大天王"神座和"二十四孝"塑像，后殿供奉尧、舜、禹三官。庙门上方汉白玉石额"古三官庙"，为清代光绪年间重修时由杭州吴人灏先生敬书题写。庙门前有千年银杏树一株。

三官庙

清真寺

清真寺位于仪征市真州镇奎光巷 228 号，东距东园南路 300 米。又名礼拜寺，始建于雍正初年，几经被毁，几经重建，现寺为 1983 年重修。寺现占地面积为 1470 平方米，寺院内有棵百年银杏树。寺内有石匾 3 块，分别为"礼拜寺"、"古清真寺"以及"遵守圣制碑记"匾。清代中期为区别其他教派而制"遵守圣制碑记"，内容为宣传伊斯兰教教规，这样的碑全国仅有 3 块。

清真寺主殿

清真寺清净堂

河西街叶氏民居

河西街叶氏民居位于仪征市真州镇河西街 5 号，清代建筑。宅坐西朝东，建筑面积 740 平方米。宅院布局对称，住宅前后六进，均面阔三间，第一、二进为平房，进深五檩。第三、四进为两层雕花楼，进深七檩，屋脊与马头墙交会处有砖雕"福、禄、寿、喜"四字。第五、六进为两层跑马楼式住宅，进深七檩，木质雕花门窗、栏杆十分精致，东西两侧马头墙，天井用青石板铺成。楼后为花园。

叶氏宅三进正门

叶氏宅西侧外景

张氏宗祠

张氏宗祠位于仪征市青山镇官山村张营组村口，南距沿江高等级公路150米，建于民国十四年（1925）。张氏宗祠坐北朝南，两进两厢，建筑面积220平方米。门前一对方形门枕石，刻有凤、麒麟、鹤、兽以及花卉纹饰，砖雕门楼上有一方石匾刻"张氏宗祠"四字。第一进面阔三间、进深七檩；第二进抬梁式结构，面阔三间、进深七檩，屋脊上装饰二龙戏珠砖雕。屋内正中供奉着张氏家族族谱，东山墙内嵌"建祠勒石"石刻一方。

张氏宗祠侧拍

张氏宗祠内堂

商会会馆

商会会馆位于仪征市真州镇城南社区商会街3号。清光绪三十二年（1906）仪征商人周雪松创办，主要负责处理本县商界内部矛盾和对外关系。中华人民共和国成立后商会停止活动，先后用作仪征市工商联、铝制品厂办公楼和厂房。会馆坐北朝南，砖木结构，上下两层，硬山顶。面阔三间，进深七檩，前为卷棚廊轩，梁架粗大，梁上雕有纹饰。一楼廊轩地面用汉白玉石铺就，二楼有雕花栏杆、挂落，用材考究。商会会馆是民国时期仪征重要的商业建筑，也是南门大码头商业兴盛的印证。

商会会馆全景

青山镇军事碉堡群

青山镇军事碉堡群位于仪征市青山镇龙山、陡山山坡、江边堤岸之上。碉堡群是民国二十五年（1936）国民党某炮兵部队为抗击日军在青山镇境内沿江地带所筑炮兵工事体系之一。碉堡群原有碉堡数量较多，现大部分碉堡埋藏于地下或者被土掩埋。地面尚存碉堡两处，均为六边形，混凝土浇筑，半地穴构造形式，顶部呈圆台状。碉堡南北长2.8米，东西宽2.2米，碉堡内净高1.8米。碉堡之间有连通各个碉堡的地道网络，地道口均有红砖砌成的小门，高1.5米、宽0.5米。由于安全原因，地道口已封闭。

青山镇军事碉堡群B点

青山镇军事碉堡群D点

都会街48-2号民居

都会街48-2号民居位于仪征市真州镇都会街48-2号，民国时期建筑。建筑坐北朝南，东为二层楼屋，西为偏厅，围墙南侧照壁一座，砖雕"福"字，建筑面积275平方米。楼屋平面布局呈"凹"字形，院内青砖铺地，楼屋内置木梯，二楼木栏杆，斗拱上雕花卉纹饰，东西两侧有马头墙。偏厅青砖墙，屋面已改。

都会街48-2号民居全景

盛氏兄弟故居

盛氏兄弟故居位于仪征市工农南路29号天宁寺塔西，为盛白沙、盛成、盛止戈三兄弟少年时代居住地。故居原为坐北朝南的两进三院，目前仅剩后进，格局为四间两厢以及东边三间排房。其梁架木结构以及檐下花板、部分门窗、柱础、天井石板均保存有晚清建筑风格。盛白沙（1894—1923），原名延年，字白沙，仪征人，是孙中山护法运动时海军的中坚人物。1985年江苏省人民政府追认盛白沙为革命烈士。盛成（1899—1996），仪征人，作家、诗人、翻译家、语言学家、汉学家、有国际影响的著名学者与社会活动家，生前获法国最高荣誉勋章——骑士军团勋章，身后享有"中法友谊的开拓者"盛誉，他的自传体长篇小说《我的母亲》在世界文学宝库中占有重要地位。

故居内景

房屋内部结构

盛白沙烈士纪念碑

盛白沙烈士纪念碑位于仪征市扬子公园内南侧。1993年，中共仪征市委和市政府于盛白沙烈士诞生100周年、牺牲70周年之际，在此兴建了"盛白沙烈士纪念碑"。纪念碑碑名由前中国佛教协会会长赵朴初先生题写，碑文由前全国人大常委会副委员长周谷城先生撰写，著名女书法家李圣和书，安徽名刻手刘德勋镌刻。纪念碑宽3米、高6米。碑身用大理石砌成，刻有碑文的部分为汉白玉质地，碑额用红色琉璃瓦砌成庑殿顶。

盛白沙烈士纪念碑

盛成母子墓

盛成母子墓位于仪征市青山镇团结村陡山组陡山南侧，南临长江，地势北高南低，视野开阔。1931年10月，盛成的母亲郭汝功病逝，葬于仪征青山。1997年1月15日，按照盛成的遗愿，仪征市人民政府葬盛成于青山盛氏墓地。此两座墓冢均位于山坡上，占地面积12平方米。东侧为盛母墓，墓碑上刻有篆书"盛母郭太夫人 章炳麟颂"，并附有"太炎"印一方。西侧为盛成墓，墓南北长3.5米，东西宽1.5米，墓冢用水泥、红砖砌成，墓碑正面刻"盛成教授之墓"，碑后刻盛成生平事迹。

盛成母子墓全景

魏然将军墓

魏然将军墓位于仪征市铜山办事处仪征实验林场内，铜山南麓半山腰上。魏然（1918—1995），原名魏家齐，江苏仪征人，1939年加入中国共产党，先后任抗日民主政府县长、县委书记、新四军支队司令，为建立淮南抗日根据地做出过重大贡献。解放战争时期，先后任华东军区支队副司令、支队司令兼政委、军分区副政委、党委书记，参加淮海、渡江战役。中华人民共和国成立后任铁道兵师政委、军政委、司令部副参谋长，参加了抗美援朝战争。曾指挥黎湛、鹰厦等铁路建设。因功勋卓著，荣获中华人民共和国二级独立自由勋章、二级解放勋章、独立勋章。墓区南北长10米，东西宽5米，汉白玉围栏上镌刻有诗词以及刻画魏然将军生平事迹的图案。墓碑高3.7米、宽0.8米、厚0.15米，正面刻有"魏然将军之墓"，背面镌刻魏然将军生平，碑额雕刻有卷云纹。

魏然将军墓正面

高邮市

唐王墩遗址

唐王墩遗址近景

唐王墩遗址位于高邮市龙虬镇唐高墩村，为新石器时代遗址。遗址南部压在村庄下面，北部为农田、鱼塘，东西向的唐灯河从中穿过。遗址现存面积约2万平方米，文化层厚2米左右，其中下部含近80厘米的蚌壳层，属龙虬庄类型早期遗存，以夹砂灰陶和泥质橘红陶为主，纹饰多指捺纹和刻划纹，器形有釜、盉、钵、碗、豆、罐等。骨角器有锥、镞等，石器少见，主要是凿等。

陈瑄纪念室

陈瑄纪念室位于高邮市龙虬镇陈庄村邮兴公路北侧，建筑建于清代，即陈氏宗祠。陈瑄（1365—1433），字彦纯，明洪武年间任漕运总督，是我国历史上著名的水利工程专家。史赞他"凡所规画，精密宏远，身理漕运三十年决无遗策"。三世孙陈谦于明天顺二年由淮安始迁高邮东乡居住，此即为陈总兵庄的由来。陈氏宗祠始建于明正德年间，清代重建，抗战时遭日寇焚毁，现尚存房屋8间，保存较好。屋脊上有砖雕龙鱼图案，墙壁里镶有明清碑刻数块，字迹仍清晰可见。现辟为"陈瑄治水纪念馆"。

陈瑄纪念室外景

高邮王氏故居

　　高邮王氏故居位于高邮市西后街 21 号，建于清代。王念孙、王引之父子为清乾隆、嘉庆时期著名训诂学家，扬州学派代表人物。故居房屋整体坐北朝南，原规模宏大，现主体建筑已毁，仅存西厢房、北偏房及西厢房西侧水井一口。西厢房面阔三间，进深五檩；北偏房面阔三间，进深七檩，均为硬山顶，小瓦屋面。1983 年重建门厅三间及照壁、围墙，1994 年修建正厅五间、厢房六间，现辟为"高邮王氏纪念馆"。

王氏故居院落

王氏故居大门外景

纱帽厅

　　纱帽厅位于高邮市高邮镇百岁巷 65 号，为清代张氏宅遗存。纱帽厅坐北朝南，面阔三间，进深七檩，硬山顶，梁柱较粗，梁架有雕刻，因柱头木雕装饰形似纱帽，故名。厅前有照厅，后有堂屋，均为三间，硬山顶。

纱帽厅

铁汉庐

铁汉庐位于高邮市西后街63号,建于清代,为铁汉夏鼎故居。夏鼎(1851—1943),字宗彝,高邮人。其父受冤入狱,夏鼎不畏权势血书上诉鸣冤,父终得以昭雪,夏鼎因此被人称为"铁汉",其故居被称为"铁汉庐"。现存坐东朝西门厅,面阔三间,进深五檩,硬山顶,上有韩国钧手书"铁汉庐"石门额。

铁汉庐大门

常住院

常住院位于高邮市临泽镇常住庵巷27号,始建于宋淳熙年间(1174—1189),南宋著名词人陈造(1133—1203)曾为常住院书写上梁文。清代重建,原有山门、天王殿、大雄宝殿、法堂和方丈院五进,现存坐北朝南殿堂一进,面阔三间,进深七檩,硬山顶。

常住院山墙

人民路陈氏宅

人民路陈氏宅位于高邮市高邮镇人民路50-2号，建于清代。建筑原有砖木结构宅院前后三进，现存南向厅屋二进及厢房、砖雕门楼等。厅屋均面阔三间，进深七檩，硬山顶，梁架有雕刻。两进之间西侧为厢房，东侧为砖雕门楼。宅内还存有两口古井。

人民路陈氏宅砖雕门楼

人民路陈氏宅鸟瞰

北门大街孙氏宅

北门大街孙氏宅位于高邮市高邮镇北门大街158号，建于清代。砖砌门楼，原有前后三进，现存坐北朝南堂屋和坐西朝东厅房各一进。堂屋面阔三间，进深七檩，月牙梁，硬山顶，屋面平缓。石柱础上有木楂。厅屋面阔三间，进深七檩，前有走廊，卷棚顶，梁架有镂空雕刻。

北门大街孙氏宅梁架

秦家大院

秦家大院位于高邮市高邮镇焦家巷31号，清代建筑，为秦观后裔私宅。建筑整体坐北朝南，青砖小瓦结构，八字形磨砖门楼。现存北侧房屋一进，面阔五间，房屋梁架雕刻精细、美观。

秦家大院大门

州署头门

州署头门位于高邮市府前街62号，明洪武元年（1368）建，清乾隆四十七年（1782）重建。州署衙门原有规模较大，由南至北的中轴线上依次建有大门、仪门、戒石亭、正堂、后堂、正衙、后楼等。现仅存州署大门门厅，坐北朝南，面阔三间，进深七檩，高6.8米，硬山顶。檐下斗栱，两侧为八字墙，门厅东壁下侧嵌有清嘉庆六年（1801）高邮州示禁碑一方，西壁下侧嵌有清代同治八年（1869）高邮州告示碑一通。西侧八字墙嵌有记事碑4块。

州署头门全景

百岁巷王氏宅

百岁巷王氏宅位于高邮市高邮镇百岁巷63号,建于清代。房屋坐北朝南,存磨砖大门、砖雕仪门及住宅前后三进,每进面阔三间,进深七檩,硬山顶,两侧均有东西厢房连接。第三进柱头上有装饰斗栱、覆盆石础、有木檐。

百岁巷王氏宅大门

百岁巷王氏宅仪门

三层楼巷孙氏宅

三层楼巷孙氏宅位于高邮市三层楼巷17号,明代建筑,相传旧为庵房。现存坐北朝南厅房一进,硬山顶,面阔三间,进深七檩,较为高大,梁、柱均有简洁的雕刻。

三层楼巷孙氏宅梁架

南门大街王氏宅

南门大街王氏宅位于高邮市南门大街48号，建于清代。现存坐北朝南房屋两进，面阔皆为三间，进深七檩，硬山顶。两进之间有廊相连，后进梁柱有雕刻。

南门大街王氏宅外景

南门大街王氏宅院落

城区清真寺

城区清真寺位于高邮市高邮镇千佛庵巷14号，建于清代。清同治三年（1864）马贵兴等建，1985年整修。寺坐西朝东，前后两进，占地面积370平方米。门厅面阔三间，进深5.9米，硬山顶。门上嵌有清同治二年（1863）"清真寺"石额。大殿面阔三间，进深7.7米，硬山顶，正中墙面砌有拱门，内书祷告阿文。院北有古柏树一棵。

城区清真寺大门

城区清真寺外景

护国寺大殿

护国寺大殿位于高邮市界首镇石桥街东侧,始建于北宋初年,原为关帝庙,清乾隆二十四年(1759)重建。现存殿堂两进,坐东朝西,占地面积450平方米。两殿均面阔三间,进深七檩,单檐歇山顶。寺前有石板路。

护国寺大殿

柳荫禅林

柳荫禅林位于高邮市盐塘巷52号,建于清嘉庆二十四年(1819)。寺址坐北朝南,四面环水,占地面积144平方米。现存山门殿及大殿前后两进,均硬山顶。前进面阔五间,明间为拱形山门,上方嵌有嘉庆己卯年(1819)立"柳荫禅林"石额。大殿面阔五间,进深七檩,高4.9米。

柳荫禅林全景

极乐庵

极乐庵位于高邮市高邮镇西后街4号，清代建筑。庵整体坐北朝南，现存大殿一座。面阔五间，进深七檩，高6米，硬山顶。

极乐庵大殿

南斗坛

南斗坛位于高邮市高邮镇小巷42号，始建于清康熙三十九年（1700），清道光十三年（1833）重建，为传统的道教建筑。南斗坛坐北朝南，方形楼阁，面阔6.5米，进深七檩6.8米，高8.2米，歇山顶。

南斗坛远景

南斗坛木结构

平津堰

平津堰位于高邮市高邮镇西大运河西侧古运河故道边。清《嘉庆一统志》卷九六载为唐元和年间（806—820）淮南节度使李吉甫修筑。土堰南起邵伯，北至宝应，阻遏湖水，灌溉农田。今为高邮湖东堤，从县城至界首约30千米。堰堤高2.5米，上宽0.8米，下宽1.6米。堤下层条石系宋代叠砌，堤上块石护坡为现代修筑。

平津堰全景

三垛民居

三垛民居位于高邮市高邮镇琵琶社区东塔景区内，由三垛前河路俞氏宅、三垛当典巷俞氏宅、三垛前河路姚氏宅、三垛中二街吴氏宅四处民居组成，为清代建筑。因南水北调工程迁建于此。俞氏宅房屋长10.1米，宽7.5米；当典巷俞氏宅房屋长9.1米，宽7.52米；前河路姚氏宅房屋长9.9米，宽7.3米；中二街吴氏宅房屋长10.7米，宽6.35米。四处民居皆为硬山顶，小瓦屋面。

三垛民居院落

清水潭

清水潭位于高邮市开发区十桥村马棚湾处，为大运河多次决口冲击而成。潭现存东西长1800余米，宽500余米，占地约90万平方米。清水潭终年水波不兴，却是古运河高邮段最危险的地段，许多治水官员和民工在此丧生。宋熙宁年间，运河决堤，高邮制官罗文翰亲率民夫抢险，不幸落水遇难。清代著名文学家蒲松龄著有《清水潭记事》。

清水潭水面

耿庙石柱

耿庙石柱位于高邮市通湖路西侧，二桥北面运河故道旁。耿庙亦称七公殿，始建于宋代。庙临高邮湖，门前灯柱成为湖上航标，故有"耿庙神灯"的传说。现庙已不存，仅存庙前石柱两根。柱截面呈方形，柱上有一穿，运河拓宽时，石柱一部分被埋入地下，现地上可见高度为3.05米；另一根已残断，仅存1.2米高，由于石柱面临运河弯道，故留下道道纤痕。

耿庙石柱全景

侵华日军投降处旧址

　　侵华日军投降处旧址位于高邮市高邮镇熙和巷70号，为民国建筑，建筑面积612平方米。该建筑中西合璧，原为英国人开设的教堂，后为国民党县党部礼堂。抗日战争期间这里曾是侵华日军驻高邮司令部，1945年12月新四军于此举行接受日军投降仪式，新四军八纵政治部主任韩念龙接受了日军的投降书。房屋坐北朝南，面阔九间，进深十一檩，硬山顶。

侵华日军投降处旧址全景

高邮船闸

　　高邮船闸位于高邮市高邮镇湖滨路南段，大运河西侧，镇国寺南50米，建于1926年，系用退还的庚子赔款建造。闸东西向，沟通运河与高邮湖的水路交通。闸长44.2米，宽10米，砖石砌筑。闸门高5.8米，宽8.4米，厚0.4米，闸体铁壳。1987年新船闸建成，该闸停用，现保存完好。

高邮船闸西侧

汪曾祺故居

汪曾祺故居位于高邮市高邮镇竺家巷9号，民国时期建筑。汪曾祺（1920—1997），高邮镇人，作家，曾任北京京剧院编剧，京剧《沙家浜》主要执笔改编者。故居原有房屋50多间，现存坐东朝西偏房二间，面阔9.7米，进深8.2米，硬山顶。

汪曾祺故居全景

孙云铸故居

孙云铸故居位于高邮市高邮镇梁逸湾孙家巷3号，晚清建筑。孙云铸（1895—1979），高邮人，我国著名地质学家、古生物学家，童年时代居于此。故居现存坐北朝南房屋两进，占地面积230平方米。每进面阔三间，进深五檩，硬山顶。两进之间有廊相连，东侧有外廊，内外廊隔以漏窗墙。

孙云铸故居院落

高邮烈士陵园

　　高邮烈士陵园位于高邮市高邮镇通湖路92号。1950年3月,为纪念抗日战争和解放战争中为高邮解放而牺牲的烈士,将周山、李健、周奋、郑光耀、袁舜生、狄奔等烈士棺柩移运进城合并,建烈士公墓,竖烈士纪念塔。墓八边形,圆顶,砖混结构,直径7.4米,高2.8米。陵园内还建有人民英雄纪念碑和革命英雄纪念馆等。纪念碑上书"高邮人民英雄纪念碑"九个大字,纪念馆内展出烈士遗物及生平事迹。

烈士陵园纪念馆

纪念碑

胡曾钰烈士纪念碑

　　胡曾钰烈士纪念碑位于高邮市汤庄镇曾钰村。胡曾钰(1923—1942),女,江苏无锡人,中共高邮三区区委宣教科长,1942年11月8日反扫荡时牺牲。纪念碑于1942年11月初建于曾钰村,1976年4月迁建于汉留小学院内。碑方形塔式,砖混结构,高6米,占地面积100平方米。

胡曾钰烈士纪念碑

陈特平烈士墓

陈特平烈士墓位于高邮市车逻镇特平村。陈特平（1916—1944），浙江上虞人，中共高邮二区区委书记，1944年1月8日遇害后葬于此，1981年3月重建。砖混结构，墓呈圆形，底径4.5米，高1.5米。青石碑高4米，宽0.6米，墓碑刻有"陈特平烈士之墓"。

陈特平烈士墓墓碑

左卿、秦梅青纪念碑

左卿、秦梅青纪念碑位于高邮市三垛镇二沟村。左卿（1913—1946），高邮人，中共二沟、马棚区区委副书记，1946年11月18日在夸子舍遭敌袭击牺牲。秦梅青（1912—1947），女，高邮人，二沟区妇抗会主任，1947年2月遇害。纪念碑呈塔状，建于1967年5月，砖混结构，塔基呈方形，边长8米，高5米，占地面积40平方米。

左卿、秦梅青纪念碑

夏德华烈士纪念碑

夏德华烈士纪念碑位于高邮市送桥镇德华村。夏德华（1919—1946），高邮人，菱塘区谭桥乡指导员，1946年在送桥战斗中牺牲。1968年3月迁葬于郭集村。1999年修建了夏德华烈士纪念碑，并将原蒋凹村改名为德华村。墓园面积18平方米，墓底径2米，高1.3米。青石墓碑高2.5米，上书"夏德华烈士永垂不朽"。

夏德华烈士纪念碑

周山烈士纪念碑

周山烈士纪念碑位于高邮市周山镇志光村，建于1985年。周山（1917—1946）原名中奎，乳名安澍，芦花乡人。1938年春加入中国共产党，先后任苏中三地委社会部长兼公安处长，三地委、二地委组织部长，中共苏中区委委员、社会部长、苏中行署公安局长等职。1946年11月，在敌黄伯韬部二十五师"扫荡"中遇害。1985年建立了"周山烈士纪念碑"、"周山烈士纪念室"。

周山烈士纪念碑

张轩烈士纪念碑

张轩烈士纪念碑位于高邮市龙虬镇张轩村澄营公路东侧，建于1986年。张轩（1923—1943），江苏南通人，新四军高邮团七连指导员。1943年4月30日攻打日伪据点时牺牲。1943年葬于邓家庄。1986年4月迁葬于张轩村林场。烈士墓现占地面积68平方米，墓底径2米，纪念碑呈方形，高6米，上书"张轩烈士纪念碑"。

张轩烈士纪念碑

三垛河伏击战烈士墓

三垛河伏击战烈士墓位于高邮市甘垛镇三郎庙村。该墓系为纪念抗日战争中著名的三垛河伏击战英勇牺牲的新四军五十二团83位烈士而建，是役为苏中一分区在抗日战争中歼灭日伪军最多的一次战斗。1945年葬烈士遗骸于三郎庙东侧，1946年国民党还乡时遭到破坏。1971年春开拓横泾河时，迁建于横泾河与第三沟交界处的东北角。2013年12月迁建至横泾河南岸永龙文化广场西侧，碑高13米，基座东西20米，南北25米。

三垛河伏击战烈士墓

马棚湾铁牛

马棚湾铁牛位于高邮市马棚镇马棚湾，清代康熙四十年（1701）铸造。铁牛为镇水之物，原放置在运河险段马棚湾。牛系铁铸而成，高0.8米，长1.7米，宽0.81米，重约1.5吨。伏卧状，头微昂，偏右方，造型生动自然。右腹部有破洞，背有铭文，部分剥蚀不清，左侧"监造官王国用"清晰可辨。

马棚湾铁牛

左家遗址

左家遗址位于高邮市三垛镇左卿村左家庄台后身，近似方形，北部为古老的港河，南部连接庄台，总面积2万多平方米，调查发现大量陶片，器形有鬲、罐、豆、鼎、尊、盆等，另发现部分麋鹿、牛等动物骨角，陶器的质地为夹砂红陶和灰陶以及几何印纹硬陶，纹饰以云雷纹、方格纹、竹篮纹、绳纹为主。另外还有少量水波纹、弦纹，部分器物上有捺窝。在遗址调查中还追缴和征集到青铜铙和青铜铲各一件。调查初步认定这是一处商周时期堆积较为丰富的古文化遗存。

左家遗址全景

裘墩遗址

裘墩遗址位于高邮市三垛镇司徒村西南,是商周时期的古文化遗址。遗址近长方形,南部临水,整个遗址分布在以墩子为中心的四周范围内,大部分地区与周围地表相平,局部地区高出地面1米左右,面积近2万平方米,采集的陶器器形有罐、杯、鬲、尊、豆和纺轮、网坠等。陶器纹饰以弦纹、凸棱纹、附加堆纹为主,附加堆纹上常见斜刻纹或捺窝。此外还有部分水波纹、云雷纹、方格纹、篮纹、绳纹等。其文化内涵与尹家城类型的岳石文化相类似。上层为西周至春秋时期的青铜文化遗存,由于土墩遭严重破坏,大部分已不存。

裘墩遗址遗址环境

吴家跳遗址

吴家跳遗址位于高邮市天山镇神居山村和天长县交界处,商周时期的古文化遗存。遗址占地面积近2万平方米,东、西、北三面环水。据初步调查,遗址中心原为台形土墩,中华人民共和国成立后土墩被平整。现土墩呈不规则长方形,遗址范围内分布着三个大小不等的蟹塘,塘边发现有大量陶器残片,可辨器形有鬲、罐、鼎、豆、盆、钵等。陶质有夹砂红陶、灰陶、黑皮陶以及几何硬纹陶,纹饰有绳纹、回纹、方格纹、云雷纹等。遗址还出土了大量动物骨骼,磨制石器锛、纺轮等。

吴家跳遗址一角

陶河遗址

陶河遗址位于高邮市临泽镇新马村陶河组，三阳河延伸段前户沟西岸，系由唐至宋集镇逐步形成的遗址。遗址面积6万余平方米，东侧为古墓区。遗址地层堆积厚度1米左右，分为5层，四、五层中分别出土了一批宋代青瓷片、唐代黄釉瓷片。遗址中部沿河沟由南向北出土南宋水井11口。遗址范围内清理出北宋土坑竖穴木棺墓5座，出土酱釉葫芦形水注、八角形澄泥砚、青瓷碗、白瓷碗、青瓷钵等文物。遗址位于山阳渎故道上，是因运河而兴起的集镇遗址。

陶河遗址全景

陶河遗址发掘现场

骑龙墓群

骑龙墓群位于高邮市菱塘回族乡骑龙村东北，为西汉时期的古墓葬。2000年冬在开挖鱼塘中被发现，占地约1万平方米，分布有10多座墓葬，皆为小型土坑木椁墓，南北向，形制有单棺一边厢、双棺一头厢等。墓中出土釉陶壶、罐、盒，灰陶灶、铜镜、铜壶、弩机、铁剑及石黛板等。

骑龙墓群全景

王万丰酱醋坊

　　王万丰酱醋坊位于高邮市高邮镇北门大街27号，建于清同治五年（1866），是高邮百年名牌老店。创始人王友竹，以运销花布和酒类为主，其子王祥甫时兴办酱园，继又扩展醋坊、糟坊。民国三年（1914），王万丰酱醋坊生产的高邮香醋和佛手露酒参加巴拿马万国博览会，双双获得二等奖。建筑整体坐西朝东，占地面积442平方米，现存房产二栋，分别为店面2层10间、后作坊5间。

王万丰酱醋坊全景

雕花梁柱

马厂旧址

　　马厂旧址位于高邮市高邮镇马棚巷3号，建于清代，马匹多作州署公务之用。马厂整体坐北朝南，建筑面积370平方米。现存建筑分东西两部分，东部保存有前厅、正厅、后厅，西部为花园、书房。东、南两面均建有砖雕门楼。正厅及书房门窗、梁架均有精美雕刻。院内存上马石一块。

马厂旧址大门

马厂后厅

人物砖雕门楼

人物砖雕门楼位于高邮市百岁巷29号，清代建筑。民居坐北朝南，为典型的四合院。主房面阔三间、进深七檩。砖雕门楼南向，颇具特色。门楣上方第一层砖雕主体纹饰为八仙拜寿图案，八仙或仰面作揖行见面礼，或手捧随身宝器吹舞，各显其能，人物栩栩如生，神态各异。第二层为花卉带。最下面一层主体纹饰为两只凤凰围着花篮，四周以花卉衬托。该砖雕门楼雕刻细腻生动，保存基本完好。

人物砖雕门楼细节　　　　人物砖雕门楼

中山路王氏宅

中山路王氏宅位于高邮市中山路467号，清代建筑。住宅坐北朝南，大门东向。现存建筑前后两进，第一进为前厅，面阔三间、进深8米，室内梁柱用料较粗，做工简洁。第二进为正厅，面阔三间，进深7米，前有卷棚，梁架和门窗上均有精美雕刻。

王氏宅全景

中山路居氏宅

中山路居氏宅位于高邮市中山路297、301号,清代建筑。大门为磨砖门楼,住宅前后三进,第一进客厅,面阔三间,进深七檩;第二进正厅,面阔三间,进深七檩;第三进略有改动。客厅、正厅梁架和门窗均有精美雕刻。

居氏宅门楼

居氏宅槅扇

李顺兴蛋行

李顺兴蛋行位于高邮市北门大街173号,清代建筑,是当时高邮城有一定影响的老字号。建筑坐西朝东,南北长15米,东西宽40米,占地面积620平方米。前后五进,依次为店铺门面、作坊及住宅。第一进门面房面阔五间、进深7米。第二进作坊呈东西向和门厅连接。后三进建筑皆为三间两厢,分别为堂屋、敞厅、下堂屋。敞厅保存较好,前有廊轩,梁架和门窗上均有精美雕刻。房屋主人至今仍保存着"李顺兴蛋行"砖雕门匾。

李顺兴蛋行鸟瞰

益泰源粮行

　　益泰源粮行位于高邮市馆驿巷64号，清代建筑。粮行紧靠马饮塘河边，交通便利，规模较大，为当时高邮城较有影响的商业老字号。粮行坐东朝西，占地面积620平方米。现存房屋两排十一间，为当时粮行的粮仓和办公用房，中间是较大的院落，为当时晒粮场所。粮仓北部存有坐北朝南房屋三间，为粮行主人住宅。

益泰源粮行门楼

益泰源粮行全景

郑泰昌家宅

　　郑泰昌家宅位于高邮市北门大街202-7号，建于清代。宅主郑泰昌曾在宅前北门大街开设郑泰昌酱园店，现店面房不存，仅存后面的住宅。宅坐北朝南，南北长17.5米，东西宽15米，占地面积263平方米。大门西向，南北两进各五间，门厅为砖雕门楼，有花卉和人物图案，雕刻精美，门南墙壁上有砖雕"平安"二字，酱红色，至今犹存。

郑泰昌家宅门楼

北门大街杨氏宅

北门大街杨氏宅位于高邮市北门大街46号,清代建筑。杨氏宅坐北朝南,为四合院建筑。东向开门,门楼砖雕精美,有寿星、蝙蝠等图案,两侧立门枕石一对。主屋东西面阔13米,进深7米,对面"福"字砖雕照壁,保存较好。

砖雕门楼正面

砖雕局部

福慧庵巷王氏宅

福慧庵巷王氏宅位于高邮市福慧庵巷1、3、5号,清代建筑。宅主为高邮老字号王万丰酱醋坊业主。住宅坐北朝南,占地面积860平方米。东南角建砖雕门楼,房屋呈东西两轴。东轴前后三进,南北长32米,东西宽12米;西轴前后四进,南北长36米,东西宽12米。中以火巷相隔,巷内有古井一口。

王氏宅全景

北门城墙

北门城墙位于高邮市北门大街南首。高邮城始筑于宋开宝四年（971），绍兴初又加以修缮。淳熙十二年（1185）郡守范嗣蠡建城楼于四门之上。北门为制胜门，城楼为屏淮楼。明初，高邮知州将旧城墙砖砌加固，在城墙上增砌瞭望楼和墙垛。清乾隆九年（1774）知州许松洁修城，更四门楼楼名。道光二十三年（1843），知州左辉春再次修城。北门城墙现存长86.8米，高7.8米。墙体因多次维修，城砖规格不一，但总体风貌尚存。

北门城墙遗址公园

永顺源粮行

永顺源粮行位于高邮市馆驿巷24号，清代建筑。该粮行是高邮老字号店铺之一。建筑共有四进，第一进为店铺门面，大门为八字门，门楼雀替有精美的砖雕。

永顺源粮行大门

吴福堂粮行

吴福堂粮行位于高邮市运粮巷11-1、11-2号，清代建筑，传为著名商人荣毅仁所开设。粮行原规模较大，有晒场、粮仓和居住用房屋20多间，主要用于收购和出售粮食生意，直到中华人民共和国成立后关闭。现存粮仓8间。

吴福堂粮行外景

振隆粮行

振隆粮行位于高邮市詹家巷11号，清代建筑。旧时经营五谷杂粮等，品种繁多。粮行坐北朝南，南向开门，存有门楼、正房三间以及东西厢房。正厅面阔11米，进深7.5米，硬山顶，结构保存基本完好。

振隆粮行内部门楼

振隆粮行正厅

老正大布店

老正大布店位于高邮市南门大街56号，清代建筑，高邮老字号店铺之一。该建筑占地面积120平方米，现存连家店两层楼房，前后两进。两进之间天井有旁厢，另罩楼宇，楼宇上部有气窗，内呈"回"字形。前栋楼下层两开间是布店，反"凹"形柜台，出售黑白红蓝土布。

老正大布店外景

益美酱园店

益美酱园店位于高邮市南门大街30-32号，清代建筑，高邮老字号店铺之一，生产的酱菜均质地优良、口感风味独特。该建筑占地面积60平方米，现存连家店两层楼房，前后两进，前为店堂，后为作坊，大门上方店号被石灰等封盖，整体保存较好。

益美酱园店外景

慎昌南货店

慎昌南货店位于高邮市南门大街42号，清代建筑。旧时经营四时茶食、馒头水作、重淋坚烛、酱油瓜子、香菇木耳、竹笋菌类等南北干货，尤以自制特色品种闻名，用料讲究，制作精细，色香味俱佳。建筑整体坐东朝西，面阔三间，上下两层。店内有货柜，后面为住宅、货房。

慎昌南货店木结构

慎昌南货店外景

詹家巷盐仓

詹家巷盐仓位于高邮市詹家巷7-9号，建于清代。该盐仓过去规模较大，主要是将盐批发给小贩转卖。抗日战争期间，詹家巷盐仓由盛转衰。现存建筑为青砖小瓦结构，存房屋二进六间，结构基本完整，保存较为完好。

詹家巷盐仓外景

南水关

南水关位于高邮市城区南门外运河东堤下，始建于南宋，原为高邮城南北市河的南入口。中华人民共和国成立后城墙拆除，但水关和市河仍作为城市排灌和泄洪的重要通道。水关条石结构，南北走向，南北长15米，东西宽4米。大运河经该水关流入城内，供生产、生活之用。

南水关全景

铁钱出土地

铁钱出土地位于高邮市高邮镇御码头附近运河中。1985年7月在疏浚大运河河道时，在高邮御码头附近河段出土了一批南宋铁钱，共计10多万枚，其中有5位皇帝的12种年号钱和一种非年号钱，这批铁钱铸造精美、文字秀丽，而且背文非常丰富，除绍兴通宝、隆兴元宝、宝庆元宝、端平通宝等不可多得的珍品外，另有150余种未见于前人谱录，为研究南宋铁钱及南宋时期的货币制度提供了极其珍贵的实物资料。

铁钱出土地

御码头

御码头位于高邮市高邮镇湖滨路北侧运河西岸，建于清代，为康熙下江南巡视河工、勘察水情时登岸的重要场所。乾隆六次南巡，路经高邮时亦曾由此上岸，驻跸放生寺。乾隆五年（1740）高邮知州傅椿在此设置渡口。现存码头为青石，长12米，宽3.5米，有48级台阶。由于1956年运河改道，码头已不再使用。

御码头全景

万家塘船坞

万家塘船坞位于高邮市御码头运河西岸，建于明代，是一处重要的运河水利设施，为船只躲避高邮湖上风雨的停泊场所。船坞南北长450米，东西宽65米，面积近30000平方米。三面有石护坡，西面开口与高邮湖相连。东侧为里运河航道。坞中存有民国时期水文站一座，为淮河流域的水文监测点。

万家塘船坞

子婴闸

子婴闸位于高邮市界首镇永安村北大运河东堤，建于清光绪十六年（1890）。子婴闸为迭梁式闸门，条石结构，用于排泄淮水经子婴河入海。民国二十三年（1934），闸上游增建浆砌块石裹头。1951年，又增做下游混凝土闸舌。1956年汛期，因该闸高度不能防御高水位，在上游闸顶加高条石3层。1962年，改为齿杆式闸门；1963年，又更换为齿杆式钢闸门。现闸身长13.50米，孔径上宽3.59米、下宽3.29米、高5.40米，闸底高程3.27米，设计流量为20立方米/秒。子婴闸亦为运河以东地区水上交通枢纽，京杭运河的船舶通过子婴闸入子婴河。

子婴闸

界首小闸

界首小闸位于高邮市界首镇界首村大运河东堤。界首小闸始建于清顺治十三年（1656），康熙、乾隆年间均进行过重修，迭梁式闸门，浆砌条石结构。民国二十一年（1932）改宽加深，闸身长9.15米，闸底高度落低0.53米。民国二十三年（1934）又于上游增建浆砌块石裹头。1956年汛期，在上游闸顶加高条石3层。1965年，接长加固闸身，上游接长13.1米，闸身总长22.25米，加固涵洞部分长8.2米、宽1.8米、高3.5米，底高程3.16米，设计流量为11.10立方米/秒。

界首小闸

林家巷陈氏宅

　　林家巷陈氏宅位于高邮市界首镇林家街8、10、14号，建于清代，为界首镇富户陈姓人家建造，主人曾经经营当铺，盛极一时。宅坐北朝南，占地面积430平方米，南向北前后四进，由门厅、正厅、前后房组成，西南角设砖雕门楼。正厅面阔五间，进深7.8米，前有卷棚，梁架上木雕精细。

林家巷陈氏宅大门

林家巷陈氏宅鸟瞰

车家大院

　　车家大院位于高邮市临泽镇生产街60号，清代早期建筑。住宅坐北朝南，前后四进，依次为门厅、正厅、上房、下房，共存房屋12间，占地面积442平方米。其中第二进正厅面阔三间9.7米、进深7米，梁柱上的镂空雕花精美，三、四进房屋结构在维修时略有改动。

车家大院大门

车家大院正厅

兴隆当典

兴隆当典位于高邮市临泽镇花圃巷22号,建于清代中期。建筑占地面积1256平方米,前后六进,共50余间,外面看像一座长方形城堡,房屋四周是高大的风火墙,院中有一口水井,东西留有宽大的巷道与两边房屋隔开。位于当典后部位置有两层走马楼(存宝楼),不仅保存完整,且结构特殊。此楼东西长23.4米,南北宽15.4米,平面近似长方形,建筑面积360多平方米。

兴隆当典外景

兴隆当典内景

中大街任氏宅

中大街任氏宅位于高邮市临泽镇中大街31-34号,建于清代。传本为盐商住宅,后为任氏所开粮行。建筑坐北朝南,南向开大门。现存房屋由南向北四进,依次为前厅、正厅、上房、下房。正厅梁柱上的镂空雕刻非常精美,有莲花、鲤鱼等图案,室内有青石质柱础,且尺寸较大,为此地少见。

任氏宅南门

韦子廉故居

韦子廉故居位于高邮市临泽镇生产街59、61号。韦鹤琴（1892—1943），晚号潜道人，讳子廉，民初毕业于南京两江高等师范，历任临泽小学校长、县立师范教师，另在浙江省政府、淮阴县政府教育局作幕。战时返里，设塾课徒，曾为师教授汪曾祺桐城派古文。该宅现存房屋6间，南北二进，前进为民国建筑，后进为晚清建筑。

韦子廉故居鸟瞰

菱塘张氏宅

菱塘张氏宅位于高邮市菱塘回族乡菱塘桥街92号，建于清代。宅整体坐北朝南，大门偏东南。原有前后共七进房屋和庭院，住房雕龙刻凤，飞檐翘角，气势宏伟，庭院栽有名贵花木，后进能看到高邮湖秀丽风光。现存房屋前四进，布局结构仍保持原貌。

张氏宅外景

菱塘夏氏宅

菱塘夏氏宅位于高邮市菱塘回族乡菱塘桥街46号，建于清代。建筑前面为商业用房，后面为人员住宅，主要经营日杂百货，店号为丹记源，后改为国兴药门市部，经营中西药。现存建筑坐北朝南，前后四进，梁柱、屋面完好，总体保持了清代民居的风格。

夏氏宅外景

夏氏宅内景

秦家村秦氏宅

秦家村秦氏宅位于高邮市三垛镇秦家村3组12号，建于清代，为秦观后裔秦世杰所建。宅坐北朝南，青砖小瓦，三间两厢，房屋东西长16米，进深9米，堂屋为六扇板门，建筑整体保存较好。

秦氏宅院落

救生港水闸

救生港水闸位于高邮市开发区金塘居委会运河西堤,又称龙头闸,始建于清代,原为高邮湖和里运河之间重要的泄水闸。1936年大修,1956年停止使用。该闸条石结构,东西长21米,闸口宽5.8米,现存高度5.4米,东西两侧呈"八"字形摆手。闸两边上部各竖有三根带榫的石柱,为开闸用。闸旁保留有明清时期高邮湖避风船坞,至今仍在使用。

救生港水闸

车逻坝旧址

车逻坝旧址位于高邮市车逻镇闸河村南运河东堤,明永乐十二年(1414)平江伯陈瑄所建。康熙四十年(1701),复经河臣张鹏翮改建为石坝,坝身为条石浆砌。原车逻坝南北长208米,坝底高出御码头志桩5.27米。位于车逻坝北端的车逻坝耳闸,又称车逻闸,是车逻坝的重要组成部分,条石结构,建于清乾隆五年(1740)。1956年汛期,在上游闸顶加高条石3层;1966年5月,改建为齿杆式钢闸门;1973年和1975年分别进行除险加固,拆石还土。当坝下水位低时,背水坡脚可见与坝等长、宽约50米的裸露梅花桩。

车逻坝耳闸

王宜仲宅

　　王宜仲宅位于高邮市中山路358号，为民国时期建筑。王宜仲，民国时期曾任高邮县维持会会长、伪县长等职。宅整体坐北朝南，东西向宽37米，南北长54米，占地面积2000多平方米，分东西两部分，东部为花园，现存客厅及后厅；西路住宅前后五进。

住宅第二进

住宅第四进

恒兴昌家宅

　　恒兴昌家宅位于高邮市人民路41号，民国早期民居建筑。宅主徐第先曾于人民路开设"恒兴昌"酱醋南货店，该南货店是高邮城有影响的老字号。住宅南北长53米，东西宽25米，占地面积1300平方米。现存房屋50多间，由南向北共五进，分别为敞厅、正厅、上房、下房、货房，东、南各建砖雕门楼一座。住宅青砖小瓦，硬山顶，前四进均面阔五间、进深七檩；货房为二层六开间的楼房，面阔18.5米、进深6.1米。巷道东边为南北向的厨房、厢房、花园等。院内有古井一口。

恒兴昌家宅门楼及巷道

人民路戴氏宅

人民路戴氏宅位于高邮市人民路 32 号和新建路 21 号，为民国早期建筑。戴氏宅坐北朝南，占地面积 740 平方米。住宅前后四进，砖雕门楼南向。门内南北向火巷，巷西为住宅。现保存最好的为前两进，房屋结构没有改动，且梁柱均保持原貌；后两进因维修不当，结构有部分改变。该建筑群规模较大，在高邮城已不多见。

人民路戴氏宅外景

毛天昌布店

毛天昌布店位于高邮市界首镇北大街 52 号，建于清代。晚清商人毛树滋建造，风格中西合璧。淮海战役前国民党军官黄伯韬等将领以及是役后中国人民解放军粟裕将军曾在此下榻。布店坐西朝东，前后两进均为二层小楼，占地面积 131 平方米。该店最西边为布店门面，中间有封闭式的天井，上有天窗，天井四周栏杆木雕精美。后进为仓库及卧室，二楼经营高档布料，当时毛氏为界首镇工商界的代表人物，二楼兼作客栈使用。

毛天昌布店门面

毛天昌布店天井局部

郭集大闸

郭集大闸位于高邮市送桥镇郭集村，又名皮道闸，1970年建造。郭集大闸不仅是重要的水利设施，而且是典型的"文革"时期的产物。该闸南连邵伯湖，北接郭集内河，南北长约25米，平均宽为6米。主要用于灌溉农田，连接内外湖，在洪涝时期发挥防洪泄洪作用，至今还在使用。大闸中间隶书刻"敬祝毛主席万寿无疆"字样，每个字都刻在灯笼图案的中心位置；左侧为毛体书写的"一定要把淮河修好"，右侧为毛体书写的"水利是农业的命脉"，字迹清晰。

郭集大闸全景

菱塘乡清真寺

菱塘乡清真寺位于高邮市菱塘回族乡，建成于1996年，是现代民族宗教建筑。建筑整体坐西朝东，占地面积约5280平方米。大门东向，高大门楼一座，门楼上刻书"清真寺"三字。主体建筑为朝真殿，方形圆顶，拱形门窗，为阿拉伯建筑风格。朝真殿后方建有17间附属用房。该寺为周边回民进行宗教活动的主要场所。

朝真殿

寡妇圩惨案发生地

寡妇圩惨案发生地位于高邮市界首镇维兴村窑家组。1940年5月1日，侵华日军集中1000余人的兵力，对界首以东地区进行疯狂的"扫荡"，将窑头沟37名手无寸铁的男性村民残酷屠杀，制造了震惊苏中的寡妇圩惨案。为牢记历史，1995年9月，界首镇党委、政府在窑头沟惨案发生地竖立"侵华日军大屠杀寡妇圩死难同胞纪念碑"。现为高邮市爱国主义教育基地。

寡妇圩惨案发生地

孙子明烈士纪念塔

孙子明烈士纪念塔位于高邮市三垛镇子明村，始建于1952年，2013年重建。孙子明（1929—1952），高邮平胜人民公社元家大队人。1949年5月参加中国人民解放军，1950年10月25日赴朝参战，在中国人民志愿军某团一连当战士，并光荣地加入了中国新民主主义青年团，1952年10月14日在举世闻名的朝鲜上甘岭战斗中英勇杀敌，歼灭100多个美军，身负重伤，壮烈牺牲。现纪念碑碑高9.5米，下有高1.5米的正方形碑座，宽13米，占地面积169平方米。

孙子明烈士纪念塔

河口解放战争纪念碑

河口解放战争纪念碑位于汤庄镇沙堰村，始建于1967年，1996年重建。解放战争时期，中国人民解放军发起围歼驻守在河口、兴化的国民党反动派的战斗，连长沈秋月等24位勇士身负重伤，被送到当时的后方医院救治，因伤势过重献出了宝贵的生命，安息在这里。建筑占地180平方米，纪念碑碑身高10米。碑身正反面分别镌刻着"人民英雄纪念碑"和"革命烈士永垂不朽"字样。

河口解放战争纪念碑

毛伯勤烈士纪念碑

毛伯勤烈士纪念碑位于高邮市卸甲镇伯勤村，建于2000年。毛伯勤（1924—1944），原姓缪，笔名田夫，无锡县东北塘乡午房徐村人，1944年5月在与高邮县敌伪枪战时不幸中弹牺牲。为了纪念先烈，他牺牲的地方被命名为"伯勤乡"，并于2000年竖碑纪念，碑底座长2米，宽0.8米，占地面积328平方米。碑呈三棱锥体，砖混结构，正面书有碑文。

毛伯勤烈士纪念碑

宝应县

水泗潘舍新石器文化遗址

水泗潘舍新石器文化遗址

潘舍新石器文化遗址位于宝应县射阳湖镇西北、潘舍村村部东南，时代为新石器时代。该遗址北与西安丰镇接壤，西临潘舍河、潘舍村村级公路，东、南皆为农田。遗址长200米，宽100米，占地面积约2万平方米。1982年采集到石犁、石凿等标本。石犁制作精细，磨制光滑，为新石器晚期遗物。地面还有泥质灰陶、夹砂红陶残片等，因采集到的遗物不多，文化层属性及叠压关系尚需进一步考证。

夏集双琚商周文化遗址

双琚遗址位于宝应县夏集镇双琚村南，是一处商周时代聚落遗址。遗址北侧为双琚大河，经潼河流入广洋湖。遗址周边为凤凰沟所环绕，沟外是农耕区，阡陌纵横。遗址南北长260米，东西宽240米，面积约5万平方米。西北地势较高亢，东西平缓。遗址上部种植小麦、大豆、棉花等作物，多见有陶片、瓦砾；地层堆积丰富，深度在1.7~2.8米之间。双琚遗址处于岳石和湖熟两大文化的过渡地带，也是春秋时期南北交流碰撞的重要区域。

双琚商周文化遗址

宝应故城遗址

宝应故城遗址位于宝应县安宜镇老城区京杭运河东侧，时代为宋至清。宝应县城原名"白田"，隋代已成集镇，唐为县治所。南宋嘉定年间初修宝应土城。元至正十年（1350）增筑，并包砌城砖。嘉靖三十七年（1558），为防倭患，重修城池，其后多次修葺。明清宝应县城呈长方形，南北长约1143米，东西宽约875米，面积约1平方千米。20世纪50年代因扩建马路将城墙全部拆除。今北门外大街原水产公司以西一线，沿运河老堤东岸可见残迹，长约10余米，残高约1米。

宝应故城

射阳故城遗址

射阳故城遗址位于宝应县射阳湖镇桥南村村北1000米。清《道光宝应县志》载，汉初项伯封国，后于此建射阳镇，废于三国时期。唐太宗时，为平藩扫寇，有大都督尉迟敬德率军东征，曾扎营于古射阳镇，建造官邸，称"都督府"。1963年经调查确认遗址残存面积约10000平方米，历年出土大量建筑构件和水井、路面遗迹以及墙砖等。20世纪70年代出土很多铭文砖，有戳印的楷书阳文"都府"二字。1996年发现10余口汉井，排列有序。现遗址上已建成居民区和商业店铺。

射阳故城遗址

运河故道遗址

运河故道遗址位于宝应县安宜镇牌楼社区西门向北约200米处,西距今运河约200米。运河故道遗址残长约100米,宽30~40米,面积约4000平方米。遗址周围多为临时厂房,民居密集。

运河故道遗址

宋泾河遗址

宋泾河遗址位于宝应县安宜镇老城区内。汉代时期白田镇(今宝应城)形成,宋泾河同时产生,由唐迄元,为方便京杭运河两岸行人,唐朝开国功臣尉迟恭在河上架起孝仙、广惠桥。宋《元丰九域志》载:"宋泾河南接清水湖,北入白马湖,统称运河。"明初,漕运改道城西,宋泾河即为城区河,河水改由北门外水关和城南跃龙关两端注入,到鱼市口折弯而东,出东门水关直奔望直港。此河旧时甚阔,横穿县城而过,后河道逐年淤窄,两岸民居密集,店铺林立。宋泾河南起跃龙关,北至北门外,全长约5500米,宽3~5米。现河水仍在弯曲流淌,形成老城区市河水系特色。

县城南门泾河入口

城区小新桥南段

城区贾家巷段

双女岗及石门画像出土点

双女岗及石门画像出土点位于宝应县射阳湖镇平江村南部。双女岗墓台地呈长方形，南北长75米，东西宽40米，占地面积3000平方米。曾出土"孔子见老子"、"圣贤图"画像石，是我国汉代画像石刻中出土时间最早、影响较大的画像石刻之一，为研究汉代经济、文化生活以及画像石刻的题材、内容、风格、雕刻技法等提供了珍贵资料。

双女岗及石门画像出土点

古象牙化石出土点

古象牙化石出土点位于宝应县夏集镇万民村南侧通潼河北岸，旧石器时代。2003年9月17日，宝应县夏集镇万民村南水北调工程潼河段施工时，发现古象牙化石一根，出土时呈东西走向，埋深7米，象牙呈月牙状弯曲，长370厘米，根部直径22.2厘米。该象牙化石是目前江苏境内发现的最大的古菱齿象牙化石。

出土的古象牙化石

古象牙化石出土点

古象牙化石出土场景

得宝河遗址

得宝河遗址位于宝应县安宜镇学墩巷。明嘉靖三十年（1551），知县岳东升为纪念真如得宝之事，疏浚得宝河，并撰《得宝河记》，刻石立碑于河旁。西北从学墩巷起向东南方向延伸，长约1000米，宽约30米，面积约3万平方米。现得宝河已被掩埋，上建民居。尚存《得宝河记》残碑，长90厘米，宽53.5厘米，已移至纵棹园内新建的八宝亭旁。

得宝河遗址

泰山殿遗址

泰山殿遗址位于宝应县安宜镇北门外大街立新巷1号。泰山殿建于明代，殿堂八进，房屋300余间。民国年间部分房屋遭大水损毁，其后房屋失修毁坏甚多。遗址占地面积约7万平方米。现存牌坊石柱一对，石柱高5米，东西相对；明万历年间石狮一对，原置于泰山殿前，现存于纵棹园门前。

泰山殿遗址

定善寺遗址

定善寺遗址位于宝应县曹甸镇古塔村东部。定善寺始建于公元400年，开山祖师为东晋安帝时世称辩才的高僧德聪。清代重建，毁于战火。遗址呈长方形，南北长179.5米，东西宽260米，占地面积46690平方米。保存有古井、碑刻、古银杏等。

定善寺遗址

嘉定桥遗址

嘉定桥遗址位于宝应县安宜镇叶挺西路和城市河交会处，东西横跨于城市河上，桥面长20多米，宽近8米，原为三孔砖拱桥，后改为一孔。唐初大将军尉迟恭始建，旧名孝仙桥，唐代诗人储光羲有"十里次舟楫，二桥通往来"诗，二桥即指广惠桥和孝仙桥。宋嘉定年间改名嘉定桥。明崇祯四年决堤冲颓，崇祯十二年由当时知县刘逵主持重修。

嘉定桥遗址

画川书院遗址

　　画川书院遗址位于宝应县安宜镇安宜东路1号、宝应县翔宇初级中学南侧,清代书院遗址。画川书院始建于康熙年间,由乔莱的裔孙捐送园基,为纪念乔莱,取名为画川书院。道光五年重修,有大门房、耳房、门楼、堂厅、厢房等共32间,有水池、石山、照壁、方亭、走廊、红桥等建筑,废于清末。遗址东西长约48米,南北宽约40米,面积1920平方米。遗址上翠松隐阁、林亭倒映、杨柳婆娑、清荷飘香。现存"画川书院"石额和建筑石质构件等遗物,现移存于纵棹园内。

画川书院遗址

安平驿站遗址

　　安平驿站遗址位于宝应县安宜镇北门外大街西侧。安平驿,取平安之意,因建在原安宜城区,故名安平驿站,是宝应古时供传递公文的人或往来官员途中歇息、换马的处所。驿站原有房屋37间,栈船15只,水夫150名,驿马160匹,马夫10名。据明隆庆《宝应县志》载,明洪武元年,驿丞程子溥始建。永乐十三年重建,光绪末年改邮政,驿站裁并后荒废渐毁。

安平驿站遗址

关帝庙遗址

关帝庙遗址位于宝应县安宜镇老城区北部，安宜镇北门外大街109号、画川高级中学西校区院内。关帝庙建于明嘉靖十年（1531），清咸丰年间修葺。关王殿面阔三间，进深七檩。1996年拆毁，存南山墙和后檐墙等残留建筑遗迹。另存有乾隆十八年"永禁典卖"石碑一块，青石质，高194厘米，宽56厘米，厚11厘米；另有一块长80厘米、宽32厘米的石碑，分别记载明万历、清康熙嘉庆年间邑人捐资助建、施地基、重建影墙等建筑情况。

关帝庙遗址

御码头遗址

御码头遗址位于宝应县安宜镇老西门外运河东岸，西临界古运河，东近老西门。御码头修筑于清代，呈长方形，南北长5米，东西宽3米，面积约15平方米。清代康熙、乾隆皇帝南巡时曾于此停泊。原为石结构，现存御码头条石基础，仍用作大运河摆渡码头。

御码头遗址

龙竿寺遗址

龙竿寺遗址位于宝应县射阳湖镇臧陈社区陈琳路1号。寺始建于唐代，原名文殊院。唐称太宗时，为平藩扫寇，大都督尉迟敬德率军东征，曾扎营于古射阳镇，建造官邸，称"都督府"。尉迟敬德平藩扫寇成功，班师回朝，将此官邸留于佛门，名为"文殊院"。玄宗帝即位期间，文殊院内有百年老竹，垂曲长成龙形，被视为天降祥瑞，玄宗见奏，龙颜大悦，遂御赐匾额为"龙竿寺"。现寺庙已废，遗址呈方形，东西宽56米，南北长62米，占地面积3472平方米。散落部分古官邸砖块，上有铭文"都府"字样。

龙竿寺遗址

八宝亭遗址

八宝亭遗址位于宝应县安宜镇县南街中东侧，系清代建筑遗址。相传，唐上元三年（676）安宜僧尼真如献八宝给唐肃宗，唐肃宗视之为定国之宝，遂将"上元"年号改为"宝应"。明代嘉靖年间修八宝亭纪念真如献宝之事；清康熙二十九年（1690），知县徐驰重修，复圮；道光十一年（1831），高邮孙明经应科侨居亭东，掘地得碑，乃明知县岳东升《浚得宝河记》，因重倡募，建亭其上，嵌碑亭壁。八宝亭毁于20世纪90年代，遗址面积25平方米，为正方形，其上残有条石台基座，基座上现建有民居。尚存明嘉靖年残碑及道光、民国年间重修八宝亭石刻碑记，已移存于纵棹园内。

八宝亭遗址

抗倭战场旧址

抗倭战场旧址位于宝应县安宜镇小南门外运河堤、老城区西侧，遗址面积1000平方米，上原有祠、碑，已毁。清《道光宝应县志》载，明嘉靖三十六年（1557），倭寇入侵宝应县城，市民壮士丁效恭率青年数十人在此迎敌，杀敌数人，后因寡不敌众，皆壮烈牺牲。后人称此为抗倭战场，于此建祠立碑纪念。

抗倭战场旧址

戚家汪遗址

戚家汪遗址位于宝应县安宜镇安宜东路1号、纵棹园水上景区内，南北长18米，东西长10米，面积约180平方米。《宝应历代县志类编》载，宝应县城东北有一大池塘，明洪武年间，塘边一户戚姓人家娶媳妇杜氏，新婚之夜新郎溺死于水塘中，新妇悲痛不已，赋绝命诗后投池殉节。从此此池塘被称为"戚家汪"。不久塘边建戚家妇祠，还立碑刻记《戚妇诗》。乾隆下江南时途经宝应，特前往戚家妇祠巡视，并和戚妇诗一首，赞颂节妇烈女。

戚家汪遗址

氾水汉墓遗址

氾水汉墓遗址位于宝应县氾水镇南侧的运河东堤。1958年，在大运河宝应段拓宽工程中，于氾水镇南侧的运河东堤发现了一处汉墓遗址，出土了一堆贴金箔猪形石握，石握用白石料雕琢，全身包金，光彩熠熠，体态丰腴，呼之欲出。此猪雕刻精练、简洁，为"汉八刀"的代表作。历代宝应县志载氾水镇南有汉袁术墓，此墓是否为县志上所说的袁术墓，还有待于进一步考证。

氾水汉墓遗址

小官庄汉墓遗址

小官庄汉墓遗址位于宝应县小官庄镇小官庄村天海大桥南，长、宽各50米，占地面积约2500平方米。墓葬上面已无封土，2006年基建施工时发现汉墓，并出土有玉蝉、玉塞、铜镜等文物。

小官庄汉墓遗址

北宋墓群遗址

北宋墓群遗址位于宝应县安宜镇安宜南路原建筑公司院内，占地面积为7700平方米。1995年，在开发建设区域内先后发现宋墓18座。经清理，墓葬多为土坑木椁墓，葬式有单人葬、夫妇合葬、夫妻妾三人合葬。棺皆为弧盖、弧壁。出土遗物有陶器、瓷器、漆器、金银器和砚、墨等，纹饰精美，品种多样。

北宋墓群考古发掘现场

乔可聘墓遗址

乔可聘墓遗址位于宝应县范水镇柘沟村柘中组。乔可聘字君徵，号圣任，宝应人，明天启二年（1622）进士，授中书舍人。墓地占地面积约4800平方米，墓原封土呈半圆形，高约6米，长80米，宽60米，四周砖砌围墙，墓前有石桌、牌坊等。1962年出土石墓志一合。现夷为平地，改建成民房。尚存祭祀用石供桌一个，长1.5米，宽0.5米，厚0.3米。

乔可聘墓遗址

刘宝楠墓遗址

刘宝楠墓遗址位于宝应县黄塍大河以北至徐甸一带。1972年冬,在宝曹河拓宽浚深工程中,于黄塍大河以北至徐甸一带出土了一合墓志铭,后经确认,该墓志为宝应县清代扬州学派代表人物、著名经学大师刘宝楠墓志。该墓志现藏于宝应博物馆,保存较为完好,字迹清晰,它的发现,对研究刘宝楠、扬州学派、清代经学具有重要意义。

刘宝楠墓遗址

董氏墓葬遗址

董氏墓葬遗址位于宝应县望直港镇蛤拖村,元朝末期脱脱丞相第六代孙媳妇董氏葬于此,20世纪60年代平坟时墓葬被毁,出土完整明代墓志一合,藏于宝应博物馆。

董氏墓葬遗址

曹甸汉墓

曹甸汉墓位于宝应县曹甸镇古塔村上河组与东风组之间，在当地俗称"大松墩"。墓葬占地面积5616平方米，封土堆高4.5米，呈覆斗形方台。墓台底部东西长78米，南北宽72米，墓墩顶部也略呈方形，顶部东西长12米，南北宽11米。1996年，村民在墩东南角取土，墓墩局部因暴露而被盗，出土了青铜鼎、灯、勺、香熏、带钩、镜、博山炉和釉陶罐等。

曹甸汉墓

阎若璩墓

阎若璩墓位于宝应县曹甸镇古塔村新河组。阎诺璩（1638—1704），字百诗，号潜邱，山西太原人，后迁居淮安，为清代研究经学的一代大儒，曾参与编修《大清一统志》，长于考据，著有《古文尚书疏证》《潜邱札记》等。墓占地面积314平方米，墓冢封土高1.2米，底部直径20米，墓碑埋于墓旁附近的水塘中。

阎若璩墓

仲兰家族墓

仲兰家族墓位于宝应县泾河镇钱庄村东部泾河砖瓦厂内，明代。仲兰（1441—1495），宝应人，官至太医院使。清道光《重修宝应县志》载："太医院使、加右通政仲兰墓，在黄浦，子陕西按察使本、礼部祠祭司主事棐墓附。"占地面积约2500平方米，内有仲兰及子仲本、仲棐、仲相夫妇合葬墓四座，均为砖砌浇浆墓。仲兰夫妇合葬墓于1978年发掘，出土墓志两合。仲兰长子仲本夫妇合葬墓1983年发掘，出土不腐尸两具和服饰、玉佩、状纸等文物。今存次子、礼部祠祭司主事仲棐夫妇合葬墓和三子仲相夫妇合葬墓，封土已平。

仲兰家族墓

刘师恕墓

刘师恕墓位于宝应县曹甸镇古塔村上河组北侧，清代。刘师恕（1678—1756），字秘书，号艾堂，宝应人，康熙三十九年（1700）进士，官至内阁学士，兼礼部侍郎。曾参与修纂《渊鉴类函》《康熙字典》等书。清《道光宝应县志》载："内阁学士兼礼部侍郎刘师恕墓在陶家河。"墓地占地面积4800平方米，墓墩封土呈椭圆形，存高约4米。墓地上面原有建筑、石刻，均毁。2002年，刘氏后人集资重建。

刘师恕墓

乔莱墓

乔莱墓位于宝应县射阳湖镇射南村东升组，距村部约2千米。乔莱（1642—1694），字子静，号石林，宝应人，清康熙六年（1667）进士，官至翰林院侍读，参与编修《明史》及《三朝典训》等。去世后归葬射阳。墓封土规模较大，呈覆釜形，直径约60米，残高4.5米，占地面积约2826平方米。

乔莱墓

古邗沟

射阳古邗沟遗址位于宝应县射阳湖镇北部，呈东南—西北走向，春秋时期吴王夫差开凿。鲁哀公九年（前486），吴王夫差于邗筑城挖沟，东北通射阳，西北至末口入淮。射阳古邗沟遗址东南从射阳戴堡大桥起，西北与水泗大溪河交汇，长约5千米，宽20余米，现仍为群众生产生活之交通河道。

古邗沟

张仙庙桥

张仙庙桥

张仙庙桥位于宝应县宝应古城东侧五条街、宝应宾馆南侧，因紧邻张仙庙而得名，建于清咸丰年间。该桥南北向跨城市河，长4.5米，宽2.7米。桥梁两端条石基础；桥面两侧石板栏杆，栏柱石板卯榫而合。四根石柱内侧阴刻"张仙桥"、"送子桥"、"甲寅壬五月"、"邑人重建"等字样。

广惠桥

广惠桥位于宝应县安宜镇老城区南大街西侧。清《道光宝应县志》载，传为唐代大将尉迟恭所建，原为三孔，明嘉靖四年（1525），知县刘迨重建。该桥单孔砖拱桥，东西向横跨市河，长12米，宽6.65米，净跨4.2米，矢高1.5米。

广惠桥

学宫

学宫位于宝应县安宜镇小新桥巷 25 号，始建于南宋嘉定年间，两度被毁，明、清重建和增建。学宫又名文庙、孔庙，坐北朝南，占地面积 3200 平方米。现存照壁、泮池、大成殿、明伦堂等建筑。大成殿为明代建筑，单檐歇山顶，面阔五间，进深九檩，殿前有 400 多年银杏树两株。明伦堂位于大成殿之后，清代建筑，面阔三间，进深九檩，硬山顶，小瓦屋面。学宫前有照壁，清代建筑，局部残损，墙中部原有圆洞式门，向南通南门大街，北连迎秀桥。迎秀桥北为泮池，明代构建，"文革"期间被掩埋。学宫总体建筑格局保留了我国古代儒学建筑的布局特征，主要建筑均在一条中轴线上，为研究儒学建筑史提供了有价值的实物资料。

学宫

刘宝楠故居

刘宝楠故居位于宝应县安宜镇卢家巷 28 号，建于清代。刘宝楠（1791—1855），字楚桢，道光进士，历任文安、三河等知县。清扬州学派代表人物之一，治学严谨，经学大师，著有《论语正义》等。故居占地面积 280 平方米，坐北朝南，三合院布局。大门南向，正房面阔四间，进深七檩。东厢房二间，西厢房三间。整个房屋结构简陋，造型质朴，显示出主人的清廉与俭朴。

刘宝楠故居

纵棹园

纵棹园位于宝应县安宜镇安宜东路1号，为清代康熙进士乔莱的私家园林，以荷景著称。纵棹园布局呈长方形，南北长250米，东西宽184米，占地面积4.6万平方米。明代以前此地为一片汪塘，明代中期，宝应望族胡氏于此建了画川别业（别墅），明末荒废。清康熙二十七年（1688），乔莱于此旧址上构筑了纵棹园。此园积土为山，植树为林，小中见大，颇多野逸之趣。亭台楼阁，景点甚多，曾吸引了不少学者名流咏诗作赋。百年之后，乔氏中落，纵棹园改建画川书院，成为当时宝应的最高学府。抗日战争期间，毁于兵火。现园内遗存有清代假山、亭台等。

纵棹园

蝴蝶厅

蝴蝶厅位于宝应县安宜镇叶挺路115号，清代建筑。蝴蝶厅为宁国寺藏经楼。宁国寺始建于唐贞观十一年（637），大雄宝殿匾额为颜真卿手笔，后毁于火。明万历十九年（1591）重建，殿堂五进，房屋百余间。现仅存蝴蝶厅，为清末重建。占地面积150余平方米。建筑坐北朝南，上下两层，面阔三间，进深九檩，单檐歇山顶。一层四周有回廊，二层前有走廊，木楼梯、护栏等保存较为完整。另有"重修千佛楼石刻记"碑，崇祯三年王恤民撰。

蝴蝶厅

一宿庵

一宿庵位于宝应县安宜镇南大码头巷，原宝应县麦粉厂内。一宿庵原名松园庵，明隆庆五年（1571）始建，相传乾隆皇帝南巡曾在此住跸一宿，因更名。庵内原有旧房15间，现存清代庵房两处，建筑面积约120平方米，一处为二层楼房，坐西朝东，面阔四间，进深五檩；一处为坐北朝南房屋一进，面阔三间，进深七檩。庵内尚保存有重修一宿庵碑记石刻一块。

一宿庵

跃龙关

跃龙关位于宝应县安宜镇南城根路与运河东堤交接处，清代建筑。《康熙志》载，跃龙关原为木涵洞，知县徐羽中改建石闸，长1丈5尺，墙石高1丈5尺，门阔1尺8寸6分，水入城南门，流入市河，出东水关下望直港。嘉庆二十一年（1816）重建，光绪十八年（1892），两江总督刘坤一拆修。中华人民共和国成立后建有跃龙关水电站，并进行了大规模修葺，引运河水至南通入海，后废弃。现存闸门石槽，闸门以外的闸道延至南城根路，均以旧时条石砌筑，闸道宽3米左右，高约2.5米。

跃龙关

天宫寺

天宫寺位于宝应县射阳湖镇大槐村东南部。天宫寺始建于东汉永平十二年（69），宋代重建，明洪武年间大修，清代重建。现存清代建筑念佛堂，面阔三间，进深七檩。另存有清嘉庆、民国期间重修的碑刻以及汉代瓦当、花纹砖等。

天宫寺

药师庵

药师庵位于宝应县曹甸镇下舍甄庄村刘舍四组。药师庵又名华佗庵、真君禅寺，建于清代，后毁。遗址呈方形，南北长35米，东西宽30米，占地面积1050平方米。存有石额一块、石鼓一对。石额"真君禅寺"，寺庙主持妙灵、妙根于民国十五年（1926）立。石鼓上刻蝙蝠等吉祥纹饰。另有一块表彰贞妇的"竹孝松贞"碑，上有"圣旨"、"大总统"字样，时代应为民国。

药师庵

潼口寺

潼口寺位于宝应县夏集镇潼口村西部。唐天复二年僧祖英始建，名观音院，宋治平三年改为圣寿院。因该寺靠近潼河之口，明代称潼沟寺，又名潼口寺，曾经是宝应历史上著名的寺庙之一，"文革"前寺被毁。遗址呈长方形，南北长80米，东西宽50米，占地面积4000平方米。现存明末"重修潼口寺碑记"石刻一块和莲花座等石刻遗物。

潼口寺碑正面

圆通禅寺

圆通禅寺位于宝应县安宜镇水门桥46号，据《宝应县志》载，圆通禅寺始建于明嘉靖四十年（1561），原称明志佛堂，后毁于战火。清代重建，"文革"前被毁。1980年在原址上复建寺庙，后改为现名，山门匾额"圆通禅寺"系赵朴初题写。内有古井一口，井圈为圆形，青石质，井栏腰部刻有凹槽，井已填埋。

圆通禅寺古井

清真寺

清真寺位于宝应县安宜镇罗巷口 16 号，始建于清宣统二年（1910），后毁于战火。2002 年在原址复建。内有古井一口，井栏为青石质，八角形。井壁由青砖砌成，井深 2.5～3 米，水质较好，为教徒沐浴礼拜而用。除井外，寺内尚存"清真寺"横匾石及一株百年银杏树等。

清真寺

明清县署

明清县署位于宝应县叶挺路原县政府大院，宋代始建，在城内西北隅，嘉定桥西。主要建筑原有正堂、中堂、后堂、吏舍科房、书房、神庙、土地祠、县丞宅、典史宅等，现存十四间房屋及一四合院，用作民居。

明清县署

王式丹故居

王式丹故居位于宝应县安宜镇运河路 264 号。王式丹（1645—1718），字方，号楼村，宝应人。少负盛名，年二十八始补弟子员，选拔入国子监。清康熙四十二年（1703）殿试获第一，授修撰职，参与编修《渊鉴类函》《明史》等。故居坐北朝南，占地面积 210 平方米，建筑面积 185 平方米。大门西向，开在西厢房上；正房面阔四间，进深七檩，硬山顶，小瓦屋面。

王式丹故居

王懋竑故居

王懋竑故居位于宝应县安宜镇姜家巷 4-19 号，建于清代。王懋竑（1668—1741），号白田，康熙状元王式丹侄子。康熙五十七年进士，官至翰林院编修，命在上书房行走。著有《白田草堂存稿》《朱子文集注》《续史记疑》等。王氏宅原有一定的规模，现仅存建筑一进，建筑面积 90 平方米，主房坐北朝南，面阔五间，进深七檩，硬山顶，小瓦屋面，青砖墙。

王懋竑故居

王凯泰故居

王凯泰故居位于宝应县安宜镇朱家巷42-7号,建于清代。王凯泰(1823—1875),字幼轩,号外帆,系宝应籍状元王式丹五世侄孙,历任浙江按察使、广东布政使、福建巡抚,1874年日本侵台期间,王凯泰在福建积极备战,率兵25000余人渡渡海,促成日本退兵。光绪元年(1875)十月积劳成疾卒于台北任上,赠太子少保衔,谥文勤,并于福建省城、台湾府城建祠祀。故居共有两个院落,房屋均坐北朝南,占地面积130平方米,东院房屋面阔四间,进深七檩,西院房屋面阔三间,进深七檩。

王凯泰故居

高朗亭故居

高朗亭故居位于宝应县安宜镇北门外百岁坊7号,清代建筑。高朗亭(1774—?),艺名月宫,原籍江苏省宝应县,著名徽班演员,京剧奠基人,曾任"四大徽班"之一的"三庆班"班主和京师戏曲艺人行会组织"精忠庙"会首,为京剧的产生与发展做出了不可磨灭的贡献。故居房屋坐北朝南,前后两进,占地面积220平方米。面南临街房屋面阔四间,进深五檩,东面一间为门厅。大门为八字形,两侧有抱鼓石。第二进主房面阔四间,进深七檩,硬山顶,小瓦屋面。

高朗亭故居

成肇麟故居

成肇麟故居位于宝应县安宜镇县南街24号社会福利院内，建于清代。原有房屋规模较大，现仅存住宅一进，面阔六间，进深七檩。成肇麟（1844—1901），字漱泉，号厚卿，宝应人，清经学家成蓉镜子。清同治年间进士，历任金陵书局分校、徐州书院主讲，署沧州知州、代理静海知县。光绪二十六年（1900）知灵寿县，是年，八国联军侵占北京，强令他供应粮草，他置之不理，备受污辱，决心以死捍卫民族尊严，翌年三月初一夜投井身亡。死前遗诗"屈己全民命，捐躯表素怀"述大义。清廷命地、直隶省城、原籍宝应建专祠，国史馆立传，赠太仆寺卿衔，谥"恭恪"。

成肇麟故居大门

蒲松龄供职旧址及住所

蒲松龄供职旧址及住所位于宝应县安宜镇叶挺路73号。清康熙年间，蒲松龄任宝应知县幕僚时的居所，是一座砖木结构二层楼房构成的三合院，布局成"凹"形，有木梯围栏，院侧有蒲公井一眼。清康熙八年（1669）秋，山东淄川人蒲松龄应宝应知县孙蕙之邀，来宝应做幕宾，住在该处。在宝应期间，蒲松龄起草过大量文告，合编成《鹤轩笔札》；其《聊斋诗草》中也收录了许多吟咏宝应的诗文；蒲松龄在宝应还留下了许多逸闻趣事，至今口耳相传。旧居是他一生中唯一一处在外地供职时的寓所，对于深入了解蒲松龄生平，从新的角度解读《聊斋志异》的创作背景、写作动机等均有重要的意义。

住宅外景

住宅内景

朱氏兄弟三进士宅

朱氏兄弟三进士宅位于宝应县安宜镇老城区朱家巷34号，清代建筑。朱氏宅第一门走出兄弟三进士，在科举史上较为少见。朱士彦，字休承，号咏斋，嘉庆七年一甲进士，历官至左都御史，工、吏、兵诸部尚书，谥"文定"，赠太子太保衔。朱士达，嘉庆二十二年进士，历任四川按察使、陕西按察使、湖北布政使。朱士廉，道光十三年进士，历任武强、石楼、固始知县。现存建筑一进，坐北朝南，占地面积约192平方米。大门东向，临朱家巷。主体建筑面阔五间，进深七檩，前置卷棚廊轩，硬山顶，小瓦屋面，小青砖墙。

朱氏兄弟三进士宅

孙荫庭故居

孙荫庭故居位于宝应县安宜镇老城区北段磨子口7号，建于民国时期。孙荫庭（1890—1936），宝应人，民国时期的著名慈善家，曾与陈式周创办慈善机构"育婴堂"，并在上海义赈会等机构任职，在其修筑海堤的宁海曾于多处设庙祭祀。故居房屋坐北朝南，前后两个院落，占地面积480平方米。大门南向，门房面阔三间，进深五檩，入内为前院，偏西有东向房屋六间，院东侧有福祠一座。北院正房面阔三间，进深七檩，硬山顶，小瓦屋面。

孙荫庭故居院落

毛家当铺

　　毛家当铺位于宝应县安宜镇保卫巷 8 号，毗邻古运河畔。毛家当铺占地面积 1000 多平方米，主要建筑为砖木结构的两层楼房，面南上下层 24 间，东西上下层 12 间，外观十分雄伟，外墙平均高度达 7 米，山墙为观音兜造型。院中筑南北向隔墙，墙中部有月洞门贯通。该楼原由郝姓富商于明末清初所建，后改建，清晚期为毛氏所有，毛氏对其加以修葺，增筑了藏宝楼，成为当地广为人知的毛家大楼。毛家当铺整体形象高大庄重，局部设计细致入微，兼有清代建筑南秀北雄的特点，是省内少见的清代当铺建筑之一。

毛家当铺外景　　　　　　　　　　毛家当铺内景

杜家大院

　　杜家大院位于宝应县安宜镇北门外大街西灯笼巷 6-6 号，民国时期建造，房主杜志宽。大院原规模较大，现存楼屋占地面积 300 平方米。主楼坐北朝南，上下两层，面阔五间，进深七檩，硬山顶，小瓦屋面；东西两侧为厢楼，均面阔三间，进深七檩。主楼与厢楼之间外廊通连，门窗、楼廊栏杆、室内地板等保存较好。

杜家大院

臧陈旧址

臧陈旧址位于宝应县射阳湖镇臧陈居委会官巷口。射阳是东汉臧洪和陈容的故乡，因反对董卓、袁绍分封割据而被袁绍杀害。射阳父老于故里建起了"臧陈烈士祠"和"臧陈旧址门坊"，后圮。臧陈旧址石刻镶嵌于臧陈路与官巷口交会处重建门楼之上，石刻为青石质，长1.1米，宽0.40米，颜体字，晚清进士、探花冯煦题写。

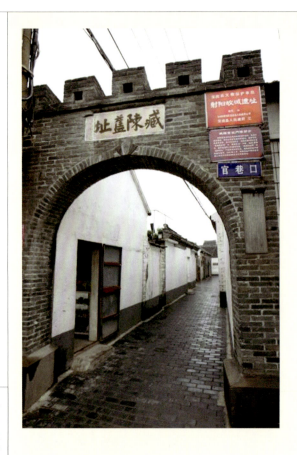

臧陈旧址大门

泰山殿石狮

泰山殿石狮位于宝应县安宜镇安宜东路1号纵棹园内。该石狮为典型明代石狮，数百年来一直耸踞于泰山殿牌楼之前。泰山殿因天灾人祸毁圮，这对石狮得以幸存。1951年移置宝应中学门前，"文革"初期被掩埋于地下，1983年转至纵棹园北门。

泰山殿石狮

定善寺石狮

定善寺石狮位于宝应县曹甸镇烈士陵园内,清代石狮,为定善寺遗物。20世纪60年代,定善禅寺被毁,庙和宝塔相继被拆,石狮被妥善转移至曹甸革命烈士陵园内。

定善寺石狮全景

定善寺石狮近景

重修潼口寺碑记

重修潼口寺碑记石刻现立于宝应县夏集镇潼口寺碑亭内,明代遗物。碑为青石质,高1.54米,宽0.77米,厚0.8米。碑文由明代进士、中书舍人乔可聘撰写,楷书23行,满行57字,共676字。碑文记录了潼口寺的来历、地理位置、建筑筹资等情况。据清道光《宝应县志》载,唐代时潼口寺为东寿安院,宋改为圣寿院,明改为潼口寺。寺毁于"文革"期间。

重修潼口寺碑记

曹甸革命烈士墓

曹甸革命烈士墓位于宝应县曹甸镇曹南村钱塘组，建于1958年，由烈士墓、纪念碑、凭吊广场组成，占地面积8000余平方米。曹甸战役是1940年12月新四军苏北部队协同八路军南下支队（后改编为新四军第三师）反击国民党顽固派韩德勤部挑衅的一次重要战斗。是役，激战18天，歼灭韩部8000余人，给国民党顽固派以沉重打击。1958年，地方人民政府组织收集在曹甸战斗中英勇牺牲的部分烈士遗骸归葬于此，钟期光上将为牺牲的烈士撰写了祭文，烈士纪念碑碑文由陈毅元帅亲笔手书。

曹甸革命烈士墓

苏中公学旧址

苏中公学旧址位于宝应县曹甸镇金吾村三合组。1944年2月，新四军苏中区机关移驻宝应地区，苏中区党委、行署、军区决定在原延安抗日军政大学第九分校的基础上创办"苏中公学"，由粟裕任校长，管文蔚任副校长。1945年8月苏中公学学员参加了解放宝应县城的战斗。苏中公学办学两年多，培养了数千名政治、军事、财政、民运等方面的干部，对苏中地区夺取抗日战争和解放战争的胜利，发挥了重要作用。

苏中公学旧址

苏中区党委驻地旧址

苏中区党委驻地旧址位于宝应县西安丰镇太仓村。1944年3月16日，苏中区党委、行署、苏中军区、一师师部迁至西安丰镇，苏中区党委书记兼一师师长粟裕、苏中区党委副书记陈丕显、一师副师长叶飞、一师政治部主任钟期光均住在太仓村，这期间西安丰镇成为苏中地区的政治中心和军事指挥中心，太仓村也被誉为苏北的"小延安"。

苏中区党委驻地旧址

苏中党校故址

苏中党校故址位于宝应县西安丰镇林溪村。1944年3月，抗日军政大学第九分校改为苏中党校，设在西安丰镇林溪村，粟裕同志兼任校长，计有五个中队，第一期参加学习对象是县团、区级干部。苏中党校在此期间为华东地区以及全国培养了大批干部。

苏中党校故址

华中造纸厂原址

华中造纸厂原址位于宝应县曹甸镇李沟村。1944年8月,华中行署在此设立华中造纸厂,为了抵御敌人的经济封锁,华中造纸厂为保证抗币在江淮印钞厂印刷提供了大量纸币原料。

华中造纸厂原址

黄公正起义故址

黄公正起义故址位于宝应县西安丰镇崔渡村。1943年3月12日,原国民党89军117师参谋部主任黄公正在共产党的统一战线政策感召下,在西安丰镇崔渡村花园庄率部起义。该部后被改为宝应支队。1995年镇政府在此立碑纪念。

黄公正起义故址

苏中军区暨新四军一师练兵场旧址

苏中军区暨新四军一师练兵场旧址位于宝应县射阳湖镇王坤村。1944年年初，苏中党政军首脑机关及新四军一师陆续转移到射阳湖王坤村。军事机关集中驻扎在王坤的吉家舍。荡区农民拿出20亩良田供部队作为练兵场，并在此建起靶场，一批又一批战士受训后走向战场。

苏中军区暨新四军一师练兵场旧址

苏中军区后方总医院旧址

苏中军区后方总医院旧址位于宝应县射阳湖镇落潮村。1944年3月，新四军一师暨苏中军区迁入宝应东荡地区，军区卫生部长李振湘同志根据军区首长的指示和战地救护工作的实际需要，在射阳湖镇落潮村建立了后方总医院，院长先后由谢进、赵国宝同志担任，在近两年的时间里，后方总医院抢救了数百名伤病员。

苏中军区后方总医院旧址

苏中银行旧址

苏中银行旧址位于宝应县射阳湖镇油坊村。1944年年底,苏中党政军领导机关从西安丰镇迁到射阳湖镇油坊头和吉家舍一带。粟裕、陈丕显等领导同志创办了苏中银行,行址设在油坊头东墩上的董氏家祠。新四军女干部郭建任行长。1988年6月2日,原中共中央书记处书记、全国人大常委会副委员长陈丕显故地重游,再次肯定了它的历史贡献。

苏中银行旧址

新四军江淮印钞厂旧址

新四军江淮印钞厂旧址位于宝应县射阳湖镇林上村村部。1944年5月,江淮印钞厂随苏中领导机关迁入宝应,厂址选在距苏中军司令部10千米左右的林上庄,李人俊、胡金魁等担任印钞厂党政领导。1946年下半年,全面内战爆发,印钞厂随新四军主力撤出宝应,完成了它光荣的历史使命。

新四军江淮印钞厂旧址

《苏中报》报社旧址

　　《苏中报》报社旧址位于宝应县射阳湖镇射南村。1944年至1945年10月，以粟裕为社长、林淡秋为总编辑的《苏中报》报社由西安丰镇迁移到射阳湖镇射南村崔庄。《苏中报》从1943年12月2日创刊至1945年10月11日停刊，共出版发行270期。其中在射阳湖镇期间出版发行101期。它为宣传抗日、团结人民群众、打击敌人以及苏中的革命斗争做出了巨大贡献。

《苏中报》报社旧址

新四军华中军械处第一总厂旧址

　　新四军华中军械处第一总厂旧址位于宝应县射阳湖镇油坊头村。新四军一师军工部是1941年11、12月间，由原供给部修械处扩建而成的。1945年9月，军工部迁到射阳湖镇油坊头村。此时军工部改名为华东军械处第一总厂，俗称"兵工厂"，厂长吴运锋，政委王季芬。该厂以生产子弹为主，并研制"五二"式小炮、"七三"式小炮、"八二"式炮和炮弹，在抗战战略反攻阶段显示了巨大的威力。

新四军华中军械处第一总厂旧址

新四军苏中榴弹厂旧址

　　新四军苏中榴弹厂旧址位于宝应县射阳湖镇戴堡村。榴弹厂始建于1943年，苏中党政军领导机关迁入宝应后，榴弹厂迁入射阳湖镇戴家堡村同善庵。在两年多的时间里，榴弹厂圆满完成了上级交给的榴弹生产任务，为抗日战争的胜利做出了一定的贡献，戴堡村民后建六角塔以示纪念，该塔"文革"期间被毁。

新四军苏中榴弹厂旧址

后记

文化遗产是地域历史文化固化的记忆，各级各类文物保护单位由于具有重要的历史、艺术和科学价值而成为城市记忆中的精美章节，成为传承城市历史情感、彰显城市地方特色的珍贵资源。

《风流宛在——扬州文物保护单位图录》的付梓，为宣传、介绍扬州文化遗产提供了新的平台。本书的编著出版，得到了市领导和众多专家、学者的关心和支持。余珽副市长在百忙之中为本书撰写了序言；华德荣局长、仲玉龙书记组织领导和统筹了本书出版的各项工作；徐国兵副局长在本书的策划、协调、审校等方面做了大量工作；樊余祥处长、朱明松、王暑帆等同志负责全书的文稿统筹、图文排版和校对工作。本书的文字初稿和图片等基础资料由市文物局文保处和各县（市、区、功能区）文物主管部门提供，部分特效照片由茅永宽、李斯尔、于金涛、闻雪、王晓涛、仲玉龙等同志拍摄。苏州大学出版社刘海同志为本书的编辑、出版付出了艰辛的劳动。在此，我们向上述单位和领导、同志一并表示衷心的感谢！

由于时间仓促和水平有限，本书疏漏之处在所难免，敬请专家、学者、读者批评指正！

2017年9月